A força
de tua voz

José García de Castro, SJ

A força de tua voz

ORIENTAÇÕES PRÁTICAS
PARA **ACOMPANHANTES**
E **ORIENTADORES ESPIRITUAIS**

Tradução e adaptação:
Maria Ângela Bragatto Lemos
Regina Console Simões

Edições Loyola

Título original:
La voz de tu saludo, by José García de Castro, SJ
© Editorial Sal Terrae, 2ⁿᵈ edition, 2020 – Grupo de Comunicación Loyola, Bilbao (Spain)
c/ Padre Lojendio, 2, 2° – 48008 Bilbao – Spain – gcloyola.com
ISBN 978-84-293-2870-7

Dados Internacionais de Catalogação na Publicação (CIP)
(Câmara Brasileira do Livro, SP, Brasil)

Castro, José García de
A força de tua voz : orientações práticas para acompanhantes e orientadores espirituais / José García de Castro ; tradução Maria Ângela Bragatto Lemos, Regina Console Simões. -- São Paulo : Edições Loyola, 2023. -- (Espiritualidade cristã)

Título original: La voz de tu saludo : acompañar, conversar, discernir.
ISBN 978-65-5504-319-8

1. Comunicação - Aspectos religiosos 2. Cristianismo 3. Espiritualidade 4. Exercícios espirituais 5. Orientação espiritual I. Título II. Série.

23-182342   CDD-269

Índices para catálogo sistemático:
1. Exercícios espirituais : Cristianismo   269

Tábata Alves da Silva - Bibliotecária - CRB-8/9253

Capa: Ronaldo Hideo Inoue
Detalhe do moderno afresco da *Visitação* (1995-1997), de Franco Vignazia, na Igreja de São João Batista de Coriano, Forlí, Itália. Foto de © Renáta Sedmáková. Montagem sobre textura de fundo (gerada com IA) de © Kai Alves. © Adobe Stock.
Diagramação: Desígnios Editoriais

Edições Loyola Jesuítas
Rua 1822 n° 341 – Ipiranga
04216-000 São Paulo, SP
T 55 11 3385 8500/8501, 2063 4275
editorial@loyola.com.br
vendas@loyola.com.br
www.loyola.com.br

Todos os direitos reservados. Nenhuma parte desta obra pode ser reproduzida ou transmitida por qualquer forma e/ou quaisquer meios (eletrônico ou mecânico, incluindo fotocópia e gravação) ou arquivada em qualquer sistema ou banco de dados sem permissão escrita da Editora.

ISBN 978-65-5504-319-8

© EDIÇÕES LOYOLA, São Paulo, Brasil, 2023

Advertência aos leitores

A tradução do título original do livro "La voz de tu saludo" foi adequada para a edição brasileira para "A força de tua voz". Ainda que se corresse o risco de alterar expressão bíblica tão simbólica e fosse marco de experiência pessoal do autor para este livro, sua tradução literal perde densidade no contexto do livro. Nesse sentido, o significado de "A força de tua voz" potencializa o interior do leitor que, ao longo da leitura desta obra, escutará a voz que ecoa entre e Maria e Isabel.

As tradutoras

À minha mãe, Isabel,
"por tanto (e tanto) bem recebido"
EE [233]

Sumário

Prólogo 17
Prefácio à edição brasileira 21
Abreviaturas 23
Luz ambiente 25
  1. "A voz da tua saudação" 25
  2. Este livro 28

Primeira Parte
COMUNICAR, FALAR, CONVERSAR

1. Comunicar-se: milagre e maravilha 31
  1.1. Um mundo em incessante comunicação 31
  1.2. O olhar previdente sobre a comunicação 34
  1.3. A Natureza é comunicação 36
  1.4. O homem: sede e desejo de comunicação 38
2. Falar 43
  2.1. A "magia" da comunicação humana 43
  2.2. Pronunciar, escutar, entender 45
    a. *Pronunciar e ordenar: a criação da palavra*   46
    b. *Significado: a roupagem da palavra* 48

   c. *Escutar e entender: acolher a palavra*....... 52
3. Conversar: quando a vida se traduz em palavras..... 55
  3.1. Conte-nos sobre a vida, a nobreza do ser humano 55
  3.2. E, como falar de si mesmo? 58
  3.3. Uma morada para a palavra 63
  3.4. "E Deus disse...": Deus respira e Deus pro-nuncia 64
   a. *Deus, Luz e Palavra* 65
   b. *"Oxalá escuteis hoje a voz do Senhor": Deus escuta* 67
   c. *"No princípio era a Palavra": Deus disse...* 69
   d. *"Eu quero: fique limpo": Deus faz* 72

Segunda Parte
INÁCIO E AS PALAVRAS

4. Inácio de Loyola, homem de palavras 77
  4.1. O humanismo: aprender a "dizer bem" 78
  4.2. Inácio de Loyola, um homem de "bem dizer" 79
  4.3. Deus, o mais original interlocutor de Inácio.... 79
  4.4. Inácio, aprendiz e mestre da conversação....... 81
   a. *Sucessos*.. 82
   b. *Fracassos* 83
  4.5. A conversação como exercício espiritual e apostólico 85
  4.6. A conversação dos amigos de Paris............... 87
5. A conversação nos Exercícios Espirituais. "Como um amigo fala..." EE [54]........................... 91

5.1.	Os Exercícios, experiência em palavras..........	92
5.2.	"Mais em obras do que em palavras." E se as palavras forem as obras?	93
5.3.	As conversas internas do Espírito	99
	a. *As palavras na contemplação*	100
	b. *Petições*...	101
	c. *Colóquios*	102
	d. *O segundo modo de orar*.......................	103
	e. *Outras vozes*..	104
5.4.	Acompanhar nos Exercícios: a experiência com a palavra	106
6. As palavras e os jesuítas		111
6.1.	Busquem, [falem] e encontrarão: as deliberações de 1539	111
6.2.	Os jesuítas e seu compromisso com as palavras	113
	a. *Os ministérios da palavra*	114
	b. *A escrita como um ministério*	116
6.3.	Palavras na vida interna da Companhia de Jesus	117
6.4.	Os canais das palavras	119
6.5.	Escrever cartas para fortalecer os afetos	121
6.6.	Um espírito para a comunicação...................	124

Terceira Parte
A PALAVRA EM EXERCÍCIO

7. As formas de conversação		129
7.1.	A conversação espiritual.............................	130

- 7.2. A confissão 131
- 7.3. Conversa com um superior eclesiástico 131
- 7.4. A relação profissional de ajuda 133
- 7.5. A conversa espontânea 134
8. A conversação espiritual 137
    - 8.1. Conversa espiritual aberta 138
        - a. *Escuta e liberdade* 138
        - b. *Igualdade* 140
        - c. *Verdade e doçura* 140
        - d. *Compreensão* 142
        - e. *Pobreza e transparência* 143
        - f. *Memória* 145
    - 8.2. Conversa espiritual orientada 145
        - a. *Encorajar a disposição interior* 146
        - b. *Estilo de conversa* 146
        - c. *Animador ou facilitador da reunião* 147
        - d. *Estrutura da conversa* 148
        - e. *Benefícios desta conversa* 150
    - 8.3. Por que conversamos pouco? 152
        - a. *Por falta de sabedoria* 152
        - b. *Por falta de atenção* 153
        - c. *Por falta de interesse* 154
        - d. *Por falta de escuta* 155
        - e. *Por excesso de comunicação* 157
    - 8.4. A saúde da conversa. Guia de aprendizagem.. 157
        - a. *A nível pessoal* 158
        - b. *Referente ao grupo* 159

9. Conversação pastoral e acompanhamento 161
   9.1. O que é a conversa de acompanhamento? 161
   9.2. Acompanhar, atitude humana e disposição do espírito 165
   9.3. O Espírito Santo, Ecossistema da conversa 167
   9.4. O ambiente da conversa 169
       a. *Um espaço acolhedor* 169
       b. *Distância para conversar* 173
       c. *Presença e aparência* 174
       d. *Acolhida, saudação inicial e início da entrevista* 175
       e. *O término da conversa* 176
   9.5. O uso da palavra 177
10. Conversar para discernir 181
    10.1. Discernir e discernimento 181
    10.2. Atitudes e ações básicas no processo de discernimento 182
        a. *Delicadeza, importância, qualificação* 183
        b. *Reta intenção* 185
        c. *Respeito* 186
        d. *Libertação do juízo e do afeto* 187
        e. *Prudência* 188
        f. *Adaptação e flexibilidade como "estratégia pastoral"* 191
    10.3. Cinco passos para acompanhar um processo de discernimento 192
        a. *Definição e delimitação do objeto* 192
        b. *Lucidez sobre as afeições desordenadas* ... 192
        c. *A atitude básica de indiferença* 195

    d. *A escuta do que Deus quer* 196
    e. *Confirmação do re-conhecido como vontade de Deus* 197
11. A estrutura interna da conversação pastoral 199
   11.1. Sua preparação 199
     a. *"Para onde vou e a quê?"* 200
     b. *"Trazer à memória"* 200
     c. *Trabalhar a disposição interior* 201
     d. *Incentivar a consideração positiva* 202
   11.2. Os relógios da escuta 203
     a. *O relógio cronológico. "Para estar com Ele"* 203
     b. *O relógio psicológico. "Remar mar adentro"* 204
     c. *O relógio espiritual. "Sou eu, quem fala contigo"* 206
   11.3. A atividade interna e silenciosa do acompanhante 208
     a. *Escuta e autoatenção* 209
     b. *Entender e compreender internamente* 211
     c. *O "lugar vital" do outro* 213
     d. *Memória: história e graça* 215
     e. *Detecção, ponderação e hierarquização*.... 218
12. As palavras que não são pronunciadas: comunicação não verbal 221
   12.1. A comunicação não verbal............................ 221
   12.2. A linguagem não verbal do acompanhante..... 223
     a. *A linguagem dos olhos e o olhar* 223
     b. *A linguagem corporal* 225
     c. *A linguagem das mãos* 226

d. A linguagem do sorriso 226
e. A linguagem do "sem toque" 227
f. Gestos que distraem 228
12.3. A linguagem não verbal do acompanhado 229
    a. A linguagem dos olhos e do olhar 230
    b. A linguagem das lágrimas e as emoções ... 231
    c. A linguagem das mãos 233
    d. A linguagem corporal 234
13. Nove tentações do acompanhante 237
    13.1. Tentação de distração 237
        a. Descrição 238
        b. Reação 239
    13.2. Tentação de "respeito indiscreto" 240
        a. Descrição 240
        b. Reação 241
    13.3. Tentação do autoritarismo 242
        a. Descrição 242
        b. Reação 244
    13.4. Tentação do protagonismo 245
        a. Descrição 245
        b. Reação 245
    13.5. Tentação de responsabilidade irresponsável 247
        a. Descrição 247
        b. Reação 248
    13.6. Tentação do paternalismo 249
        a. Descrição 249
        b. Reação 251
    13.7. Tentação de moralismo 252

  a. *Descrição* 252
  b. *Reação* 253
 13.8. Tentação de "aconselhamento" 256
  a. *Descrição* 256
  b. *Reação* 258
 13.9. Tentação do protecionismo 260
  a. *Descrição* 260
  b. *Reação* 262
 13.10. Em resumo 262
14. Conversar no Espírito 265
15. Para seguir aprendendo 269
16. Obras utilizadas para suporte da tradução 273

Agradecimentos das tradutoras 275

Prólogo

"No princípio era a Palavra. A Palavra estava junto de Deus e a Palavra era Deus. Tudo foi feito por meio dela e, sem ela, nada do que existe existiria" (Jo 1,1-3).

A Palavra é o êxtase do Silêncio, tal como Cristo é o êxtase do Pai. A Palavra irrompe a partir de uma profundidade abissal, desconhecida. Essa profundidade é que sustenta o mundo. Quando a Palavra irrompe das entranhas, ela dá uma forma precisa ao que emerge deste profundo.

A Palavra sagrada é a que contém essa ressonância primitiva como origem e como meta. Quando essa Palavra é pronunciada e nossos ouvidos são capazes de escutá-la, somos recriados por ela, porque nos retorna às origens enquanto nos relança à meta.

A Palavra sagrada contém este duplo movimento de saída e retorno, do êxtase e êntase[1], de *exitus e reditus*[2]. E em seu caminho abre, percorre, atravessa, transforma. Deste modo, a Palavra que veio de longe se aproxima e cada vez mais se torna íntima de nós mesmos para nos configurar a partir de dentro.

---

1. Êntase, s.f. do latim *entasis*, técnica usada para reduzir a ilusão óptica quando duas linhas paralelas parecem encurvar para dentro. [N. das T.]
2. *Exitus e Reditus*, do latim também entendido como saída ou morte e regresso, volta. [N. das T.]

Na Bíblia, *Dabar YHWH*[3], a Palavra de Deus realiza o que fala, leva a efeito o que enuncia. Por isto é palavra sagrada. Por outro lado, a palavra vã vacila, resvala e se extingue.

Os textos sagrados contêm a incandescência das palavras primitivas. Provêm de pessoas que se deixaram consumir por elas. Relatam também acontecimentos basilares que inspiraram gerações por milênios e que contêm histórias arquetípicas onde os personagens encarnam os valores que despertam. Multidões se alimentaram delas. Iluminaram suas noites, fortaleceram as suas hesitações, orientaram em seus extravios, desafiaram suas inércias.

A Palavra verdadeira não nasce: gera. Por isto a comunidade precisa estar aberta à sua escuta. Convocada por ela, a assembleia se regenera. Daí que cada comunidade tenha seu tempo e lugar para escutar a Palavra sagrada e todas as tradições tenham um ritmo e um espaço litúrgico para celebrá-la.

Porém, estes espaços e tempos reservados não são suficientes. Não só se requer que haja quem saiba proclamar e interpretar as Palavras primitivas, como que também haja pessoas, que pela qualidade de suas vidas, tenham a capacidade de recriá-las. Toda comunidade necessita que brotem palavras verdadeiras não somente em suas origens, mas sim em cada geração. Necessitamos estar perto de palavras autenticas, que nos revigorem.

Somente pode recriar a Palavra quem está perto da Fonte da qual ela emana. Uma existência assim se converte ela mesma em Palavra.

---

3. O significado teológico da fórmula, composta pelo verbo hayah + dabar Yhwh, tem sua força criadora a partir da Palavra de Deus. Neste caso o predicado faz acontecer a vontade da Palavra de Deus. YHWH é o tetragrama (termo derivado do grego τετραγράμματον, *tetragrammaton*, "conjunto de quatro letras") [1][2] que na Bíblia hebraica indica o nome próprio de Deus. [N. das T.]

Reconhecemos as palavras reveladas porque são reveladoras, porque retiram o véu que oculta o significado dos acontecimentos e estão muito perto da substância das coisas. E estão próximas de nós mesmos. Ao revelar, nos revelam, dizem sobre nós de uma forma que a partir de nós mesmos não alcançaríamos jamais o autoconhecimento. Porque nos transpassam, crescemos frente a elas, porque nos transcendem, corremos em sua direção uma vez que nos impulsionam.

A palavra sagrada tem um caráter atemporal que atravessa os séculos e não se desgasta. Ela ressignifica o mundo cada vez que é proclamada. Ao mesmo tempo, tem um tom e um sabor que depende de quem a transmite. Ainda que a Palavra sagrada ultrapasse e transpasse a quem a comunica, sua força também depende de quem tem a responsabilidade e vocação de transmiti-la.

A Palavra sagrada é insistente e renovadora uma vez que é sempre nova. Está conectada com a experiência primária e seu conteúdo renasce cada vez que é anunciada. Tem a capacidade de fecundar o presente de modo inédito, de forma que dá origem a caminhos não explorados.

Fala-se que o texto cresce com quem o lê. Com efeito, há um modo de ler e um modo de escutar que aumenta o potencial de cada palavra. Este crescer da Palavra em cada um depende do espaço ofertado para acolhê-la. Porém o texto também pode minguar se não encontrar este lugar.

Nossas vidas são chamadas a emitir palavras sagradas. Através de nossa existência *"empalavramos"* o mundo. Quando nos deixamos configurar pela Palavra, nossa vida a recria de maneira única diante dos outros, com outros e para os outros. Nossa existência se converte na interpretação, atualização e encarnação da Palavra original.

O livro que tenho o prazer de escrever o prólogo foi escrito por alguém que está comprometido com a Palavra em todo o seu ser. Palavra que escuta como Voz, porque sabe que toda palavra é uma comunicação de um ser com outro: de Deus com o ser humano e dos seres humanos entre si, para humanizarem-se e irmanarem-se. De ambas as comunicações (com Deus e com os outros) falam-se profusa e generosamente nestas páginas. Um livro de Palavra e palavras e no meio de todas elas um livro de experiências que contêm a Experiência de Deus.

Em uma cultura com tantos cruzamentos de tantas palavras, apreciamos um livro assim, atual e necessário, prático e espiritual que nos ajuda a reconhecer a Palavra que a tudo habita e a tudo preenche.

Javier Melloni, SJ
Março de 2019

Prefácio
à edição brasileira

Conhecer o livro **La voz de tu saludo** do Pe. José García de Castro, SJ causou uma grata surpresa. Um olhar de relance ao título não consegue captar toda a riqueza contida em suas páginas. Partindo de uma renovada e particular experiência de oração, o autor desenvolve, com uma sensibilidade magistral, toda a trajetória a ser percorrida a partir da comunicação da Palavra de Deus.

"*Quando escutei a voz de tua saudação*" ou "*Quando tua saudação chegou aos meus ouvidos*" como narrado em Lucas 1, 44 no início do seu evangelho, reflete a potência do som vital e sutil que ocorre em determinados momentos de nossa vida. A atenção à "voz" resultou nesta obra: a escuta que movimenta e gera vida.

Assim também aconteceu em um momento específico de um encontro virtual entre acompanhantes dos Exercícios Espirituais de Santo Inácio de Loyola. Um encantamento pelo itinerário de aprofundamento no ministério da Orientação Espiritual que se encontra nesse livro suscitou uma voz: "Que pena que este livro não está em português".

Neste momento nasceu o desejo e a determinação de traduzi-lo, a quatro mãos, para levar a mais pessoas esse guia inspirador.

A persistência perante os desafios gerou este fruto: uma edição para a língua portuguesa com o título "**A FORÇA DE TUA VOZ**", para que se apurem os sentidos de todo aquele que se entrega ao Ministério da Orientação Espiritual.

Oportuno observar que o livro tem duas nuances como bem pontuou um gentil jesuíta brasileiro que se dispôs a ler a tradução: a primeira parte, comunicar, falar, conversar, traz uma narrativa poética da capacidade do som vertido em palavras fluindo através do mundo. A segunda e a terceira partes são didáticas. Aqueles que desejarem entrar imediatamente no conteúdo referente ao acompanhamento espiritual, podem iniciar diretamente por elas, sem ferir o entendimento do todo.

O leitor ou leitora que se dispuser a trilhar neste itinerário iniciará um verdadeiro percurso na arte do acompanhamento espiritual dentro da mística inaciana. Que cada um possa ser: ouvidos que escutam, palavra que inspire, coração que discerne e mãos que executem pela força de uma voz. Boa leitura!

Abreviaturas

Au *Autobiografia* de Santo Inácio de Loyola
Co *Constituições* da Companhia de Jesus
EE *Exercícios Espirituais*[1]
FN *Fontes narrativi de sancti Ignatii*, 4 v., IHSI, Romae 1943-1965

---

1. As referências da *Autobiografia*, as *Constituições* da Companhia de Jesus e os *Exercícios Espirituais* foram tomadas das *Obras completas de Santo Inácio de Loyola*, ed. de I. Iparraguirre e C. de Dalmases, BAC, Madrid, 1983[4].

Luz ambiente

"Quantas vezes eu fui
– espião do silêncio –
esperando algumas cartas,
uma voz".
P. SALINAS, *A voz que lhe é devida*

1. "A voz da tua saudação"

Semana Santa de 2018. Casa de exercícios espirituais La Imaculada de O Porto de Santa Maria, em Cádiz. Uma bíblia, um tempo de meditação silenciosa e uma surpreendente visão sobre as extensas praias do Atlântico. As páginas do livro sagrado repousam mostrando os primeiros textos do Evangelho de São Lucas: a conhecida passagem da Visitação da Virgem Maria a sua prima Isabel. Não sei quantas vezes teria escutado, lido, contemplado, meditado e rezado com este texto. Muitas. Lembro-me vivamente que já nos meus tempos de colégio, no mês de maio, ouvíamos uma ou duas vezes esse breve texto lucidamente comentado por alguns dos jesuítas da comunidade educacional. Trinta e três, trinta e cinco ou quarenta anos depois o mesmo texto volta para mim. Mas agora quem não é o mesmo sou eu.

Preparei-me para começar minha oração, uma de tantas em meio a muitos exercícios espirituais que se vão acumulando ao longo da vida. Nas minhas mãos, uma bíblia: Lucas 1,39-56. Comecei a ler o texto como se fora a primeira vez e, depois de alguns minutos, uma expressão chamou poderosamente minha atenção, eram as palavras que Isabel dirigia a sua prima Maria: "pois quando tua saudação chegou aos meus ouvidos, a criança estremeceu de alegria em meu ventre". Com frequência acontece voltarmos aos mesmos textos da Bíblia, os mesmos de sempre, os de tantos dias e anos e, no entanto, pela presença do Espírito que os sustenta e os anima, estes textos de sempre, em geral voltam para nós como se fossem novos. Ler o Evangelho é possibilitar a estreia de uma vida nova.

A Voz, "a voz da tua saudação". Somos algo mais de sete bilhões e setecentos milhões[1] de pessoas que compartilhamos este planeta. Não há duas vozes iguais. A voz nos dá identidade, faz parte da nossa genética, do nosso ser, como a cor dos olhos, nosso jeito de andar, nossa impressão digital ou nossa caligrafia. Através da voz nos reconhecemos e nos identificamos. A mãe reconhece a voz do seu filho muito antes que ele possa emitir qualquer som articulado. Pela voz, tanto como pelo olhar, mostramos a alma, canalizamos e refletimos nossas alegrias, nossas conquistas e nossos fracassos e tristezas: "Posso notar pela tua voz".

Basta uma voz para evocar toda uma história, para ativar a memória, para repentinamente viajar ao passado e despertar um sentimento ou uma emoção profunda que já acreditávamos estar

---

1. Em 18 de setembro de 2022 contamos com 7.989 bilhões de habitantes no planeta. Consulta efetuada no site Population Matters: https://populationmatters.org/population-numbers?gclid=EAIaIQobChMI89aqxIaf-gIVyiZMCh12yAmZEAAYASAAEgLXLfD_BwE. [N. das T.]

adormecida ou silenciada para sempre... e tudo com uma palavra, com uma voz: "Maria!"... "Rabbuni!"[2] Algo aconteceu espontaneamente nas entranhas de Isabel ao ouvir a voz de Maria. Ela sentiu que a criança que carregava em seu ventre fazia eco da sua própria alegria. Ao chegar a esse versículo, minha oração se deteve sem que eu quisesse e comecei a considerar o valor da palavra, das palavras. O valor de saber pronunciá-las corretamente e dos efeitos que podem provocar em quem as ouve. Creio que todos nós já experimentamos isso alguma vez: há vozes que nos encheram de ilusão e vida, e outras, pelo contrário, nos causaram pequenas ou grandes mortes. Há vozes que gostaríamos de escutar com mais frequência e as guardamos como um tesouro em nossas lembranças; outras, por outro lado, gostaríamos de apagá-las para sempre da nossa memória.

Naquela meditação frente ao mar, tudo ressoou com mais força no meu interior. "A voz da tua saudação". Compreendi que se tratava, então, de me deixar ensinar pela experiência de Isabel, o que Inácio chama "refletir depois para tirar algum proveito."[3] Permaneci em silêncio na presença de Isabel e aos poucos começaram a ressoar em mim três coisas que logo converti em oração. Pedi ao Pai a graça de reconhecer a Voz do seu Espírito entre tantas vozes que ressoam ao meu redor todos os dias; a graça de interpretá-la como sua saudação vivificadora, como fonte de vida, de futuro, de projeto e de esperança e, em terceiro lugar, pedi a graça de permitir que essa Voz gere vida, que pule em minhas entranhas e que se derrame no mundo como uma voz construtiva, uma voz de "Boa Nova".

---

2. Jo 20,16.
3. EE [108].

2. Este livro

As palavras de Isabel à sua prima Maria me fizeram parar e considerar algo tão simples e habitual como o valor das palavras na vida das pessoas. Algo tão natural, tão cotidiano, tão espontâneo quanto a linguagem das palavras que nos é revelada como uma das atividades mais nobres do espírito humano. Falar é o maravilhoso fazendo-se hábito, o surpreendente tornando-se. Se não fosse tão comum e ordinário e, portanto, tão subestimado, tenho certeza de que consideraríamos um milagre, uma obra dos deuses.

Em um mundo tão universal e radicalmente aberto à comunicação durante, talvez, as últimas duas décadas, este livro oferece algumas reflexões sobre o que implica a comunicação linguística humana e o valor e o papel da linguagem na vida espiritual e no seu desenvolvimento. Através das palavras podemos evangelizar e cristianizar nossas vidas; através das palavras é que podemos construir o que chamamos de Reino de Deus; com palavras podemos ser bons, nos tornarmos melhores e tornar melhor este mundo no qual habitamos.

Estou convencido de que as palavras, o amor e o tempo são as três estruturas mais encantadoramente humanas. Deus sabe: é a Palavra e é o Amor encarnados no tempo, e nós somos a sua imagem e semelhança.

primeira parte

COMUNICAR, FALAR, CONVERSAR

1
Comunicar-se: milagre e maravilha

"Levaram tudo e nos deixaram tudo... Deixaram-nos as palavras".

PABLO NERUDA, *Confesso que Vivi*

Uma confiança fundamental e quase sempre inconsciente atravessa nossa vida cotidiana desde o primeiro instante do nascer do dia até o pôr-do-sol. A forma mais elementar e básica que o ambiente que nos acolhe tem de conversar conosco é por meios de pactos implícitos de confiança. Viver é, em grande medida, confiar. O mundo está aí, perante nós, como realidade viva. Onde há vida há comunicação, e o mundo nos é dado como uma incrível fidelidade comunicativa. Nós cremos nele, o mundo é digno de nossa confiança porque experimentamos repetidamente que ele não nos engana.

1.1. Um mundo em incessante comunicação

Confiamos no cosmos em que vivemos, na surpreendente e vertiginosa expansão de suas galáxias, que nos levam pelo universo até onde não sabemos, "agarrados" pela atração do Sol a uns 630 quilômetros... por segundo! Confiamos que os planetas e as estrelas conservarão com exatidão e fidelidade assombrosa suas órbitas e equilíbrios. Confiamos neste sistema solar, na regularidade de suas órbitas e em suas leis matemáticas, um lugar neste universo ainda tão desconhecido. Confiamos na Natureza, Mãe absolutamente incondicional que com uma surpreendente regularidade se oferece ao sol sempre no mesmo lugar, à mesma hora, sobre o bem e o mal, para que todos os frutos amadureçam, todas as plantas cumpram seus ciclos e todo ser humano saia da escuridão para mais um dia.

Confiamos na Terra, que hoje voltará a girar com a mesma velocidade (29,7 km/segundo!) e com a mesma inclinação, como ontem, como amanhã, como sempre; confiamos também na paisagem de cada dia e no entorno no qual nos movemos, que estarão ali, como sempre, mais um dia à nossa disposição, sem desejar nos enganar ou despistar.

Confiamos também na técnica e na tecnologia que o homem, pouco a pouco, vem desenvolvendo ao longo dos séculos. Confiamos no despertador que soará na hora programada, e no aquecedor que agirá ao correr da água. Confiamos que o carro dará partida ao giro da chave de contato, ou que a cada manhã os semáforos regularão o tráfego com maior ou menor êxito. Confiamos na memória do computador que estará ali para mim, e da mesma forma como o deixei no dia anterior, e que responderá fielmente aos dígitos de minha senha. Confiamos também nos colegas de trabalho, que a cada manhã nos reencontramos e, sem o dizer, nos aventuramos a viver uma nova jornada, somando nossas horas e nossos esforços para o bem de nossa companhia.

Confiamos, e me surpreendo cada dia mais, nos processos internos de nosso próprio organismo: na transformação de trilhões de células que sem saber quem as governa vão renovando com precisão meu próprio corpo; na complexa vida dos cem bilhões de neurônios capazes de produzir um quatrilhão de conexões sinápticas entre neurônios em partes diferentes do cérebro que, de forma ordenada, regular e rapidíssima, permitem que possamos reagir adequadamente às demandas do nosso entorno: falar, rir, recordar, sonhar ou mover-nos harmonicamente, tudo dependente dessas conexões cerebrais que jamais conheceremos. Confiamos no trabalho silencioso e anônimo de tantas vísceras que controlam as mil funções do corpo para manter um equilíbrio rigoroso e maravilhoso, sem que eu me inteire de nada do que se passa dentro de mim. Só o fígado rege mais de 500 funções no corpo humano. Como não confiar na fidelidade incondicional do coração, que com suas cem mil batidas diárias bombeia uns sete mil e quinhentos litros de sangue por dia, sem entender de qualquer princípio moral? Por nossos pulmões passam dezessete mil litros de ar a cada jornada e, que se puséssemos em fila todos os metros de veias, artérias e vasos capilares que nosso corpo tem... poderíamos dar volta na Terra por duas vezes! A estrutura do olho, o desenho do ouvido, as funções da medula... e podemos nos mover..., mas, será que nos damos conta da coordenação complexa e espontânea de nossos movimentos, por vezes tão rápidos e diferentes?

    E confiamos no *tempo* que começou a "correr" por volta de treze mil oitocentos e dez milhões de anos atrás. O tempo persevera com uma absoluta regularidade, não nos falhou um único dia, nem por um segundo; experimentamo-lo até hoje, nos animando a encarar o futuro sustentados e fundamentados em um porvir fiel. O amanhã se tornará hoje e o hoje ontem, que é um puro dom e presente da própria vida, que já assumimos como se fosse nosso próprio e inalienável direito. Confiamos tanto no tempo que até o adiantamos e preenchemos a nossa agenda com desmesurada e vertiginosa antecipação.

    Um longo etecetera poderia prolongar esta expressão de absoluta confiança que não deixa de ser também uma maravilhosa surpresa. E toda esta "fiel comunicação" do Sol, da Terra, do outro, da técnica, do organismo, dos planetas e do tempo nos é dada sem que nós tenhamos feito nada para conseguir ou merecer; tudo está aí como algo transparente e diáfano "bem recebido". Tudo está aí para que possamos viver um dia, um mês, talvez um ano mais. As "coisas" nos falam a partir do que são. Ser, e ser simples e totalmente elas mesmas, é a melhor mensagem, a melhor palavra que pode ser pronunciada a cada instante. Nosso mundo e suas coisas... fiéis e incondicionais interlocutores.

1.2. O olhar previdente sobre a comunicação

Mais além de nossos limites, toda esta confiança básica e cotidiana tem para o crente um fundamento religioso e uma inspiração transcendente. Este modo bondoso de ser do mundo para conosco é a linguagem própria e costumeira de Deus. É, simplesmente, sua maneira de *conversar conosco*, transmitindo, contagiando com sua fidelidade e seu cuidado previdente a tudo que vive. Ter fé, antes de concordar com convicção a um complexo sistema de enunciados teológico-dogmáticos, é maravilhar-se com reverência ante esta harmonia de fidelidades. Os parâmetros e coordenadas do meu existir me são dados em sigilo, porém em absoluta honestidade e fidelidade. Deus se comunica comigo permitindo que o mundo mantenha fielmente sua própria estrutura; está bem-feito, e esta imóvel bondade silenciosa é o argumento mais convincente de sua Palavra.

O salmista o intuiu, talvez ao final de seus dias, com uma frase de profunda lucidez: "Tu me teceste no seio materno [...], meus caminhos todos são familiares a ti"[1]. Já desde antes de nascer, a Natureza previdente trabalhava em mim. Esse poeta expressou

---

1. Salmo 139, 13 e 3.

com assombro e reverência que sua vida havia sido vivida na Presença e com Ele, o cotidiano se tornava maravilhoso, digno de admiração..., tudo é verdade.

Desde este "ser assim" de Deus com o mundo, daquele que somos irremediavelmente parte, brota uma possível definição da vida. Viver consiste em observar e integrar estes processos macro e microcósmicos de fidelidade amorosa e reflexivamente implicando em nossa liberdade, como se fosse um acorde eufônico no meio de tanta bondade e sensatez. Viver é somar-se a este modo de ser responsável e pacífico de Deus. O mundo, ou melhor, o Mundo, me precede em ser, em tempo e em sabedoria. Nascer é ser convidado a tomar parte nele. Este Mundo nos dá as boas-vindas. Tomar a vida a sério somente pode refletir uma reverente humildade agradecida: na origem, antes sequer que eu pudesse balbuciar uma palavra, fui recebido e fui acolhido.

Conversar, quer saibamos ou não, é começar a fazer parte desta humildade fiel de um ambiente cuja palavra é doação silenciosa e absoluta. Conversar é refletir este modo próprio do Espírito de habitar a história[2]. Conversar, antes de criar um "aparte" ou um parêntesis no ruído mundano para começar a falar de nossas vidas, é integrar-se felizmente neste Colóquio prévio e incessante do Macro e do Microcosmo, delineado pelas "mil graças" que seu Criador lindamente derramou[3]. O mundo que habitamos é um Tu reverente, em permanente conversação. O mundo já é por si mesmo um *locus conversationis*, um lugar habitado por sua Palavra; Deus é a Presença dialogal que nos precede: "Ele nos falou e nos amou primeiro."[4] Ludwig Wittgenstein tinha

---
2. EE [235].
3. "Mil graças derramando / passou por esses soutos com presteza [...] a todos os revestiu de formosura", São JOÃO DA CRUZ, *Cântico espiritual* A, estrofe 5.
4. 1Jo 4,10.

razão. Tenhamos fé ou não, tenhamos mais ou menos fé, este mundo é um milagre. Embora tudo o que vimos sobre as maravilhas do mundo nos dominem (um precioso entardecer nas Rías Bajas[5], os impressionantes cumes do Himalaia, a largura sem limites do Rio Congo, o silêncio de um anoitecer no deserto de Atacama...), ainda que tudo isto possa ser para nós motivo de profunda experiência religiosa, temos que concordar com o filósofo de Viena: "O que é místico não é como o mundo é, mas é o que é"[6].

1.3. A Natureza é comunicação

Seria um enorme e vão orgulho de nossa espécie chegar a crer que o homem é o único animal que se comunica. A comunicação é uma característica inerente a todo ser vivo. Viver é comunicar-se. Todavia, as chamadas "novas tecnologias" colocam a comunicação no centro da vida dos humanos. Hoje já não sabemos viver se não estivermos conectados de forma permanente e numa inesgotável abertura à comunicação dos outros. No entanto o que podemos chamar de "nova" é a tecnologia. Pois o que é tão antiga como a raça humana e a vida em si mesma é a comunicação.

Ter vida encerra a possibilidade, e inclusive a necessidade, de comunicar-se. Nas últimas décadas se avançou muito no conhecimento da comunicação entre animais de diversas espécies. Aproximar-se destes sistemas de comunicação não pode deixar de produzir assombro... e em certas ocasiões, espanto! As abelhas informam umas às outras a distância das flores através de

---

5. Rías Bajas são uma das grandes divisões geográficas do litoral da Galícia, com litoral recortado, porções de costa escarpada, rochosa, brava intercaladas com amplos areais. [N. das T.]
6. Ludwig WITTGENSTEIN, *Tractatus logico-philosophicus*, [6.44].

uma peculiar "dança". Um complexo sistema de assobios e guinchos é usado pelos golfinhos para se ajudarem a encontrar comida ou se alertarem sobre possíveis perigos, enquanto as formigas se servem do tato, de certos sons ou feromônios[7] para manter a complexa organização de sua comunidade. Os lobos, chacais e outros canídeos desenvolveram até vinte e um diferentes tipos de uivos, como se fossem um dialeto distinto e próprio de cada espécie. As baleias utilizam o som e o eco que suas ondas produzem na água para rastrear seu terreno, para se socializar ou procriar; parece que diversos sons têm um significado comum e que diferentes famílias de orcas desenvolvem sua própria linguagem para se comunicar. Desde os 11.200 metros para os quais o abutre Griffon pode voar até mais de 8.000 metros de profundidade por onde o peixe caracol se move pela Fossa das Marianas, todo ser vivo é um ser de comunicação.

Nossos irmãos do reino vegetal não ficam fora deste impulso vital. Existem plantas que desenvolveram seus próprios sistemas de comunicação através da emissão de algumas substâncias para alertarem-se de certos perigos, ou para atrair insetos, como as vespas, para livrá-las de outros "visitantes indesejados" como os vermes. A bióloga canadense Suzanne Simard demonstrou a solidariedade que existe no subsolo entre árvores e plantas, que movimentam água, hidratos e nutrientes como se fizessem parte de um único organismo. Uma verdadeira "intranet" subterrânea e invisível aos nossos olhos![8]

Vivemos imersos em um habitat de comunicação, em uma estrutura comunicativa muito mais densa, complexa, surpreendente e universal do que podemos imaginar..., e que nos resta

---
7. Substância secretada por um animal e reconhecida por animais da mesma espécie na comunicação e no reconhecimento. [N. das T.]
8. Ver "La red social del bosque" em seu blog *Los árboles invisibles*, https://bit.ly/2Y169ze.

ainda para descobrir. Ainda que já se tenha passado mais de dois mil e duzentos anos, hoje podemos afirmar com maior conhecimento dos fatos que o autor do livro do Eclesiástico: "o que delas se vê é como uma centelha!"[9]

1.4. O homem: sede e desejo de comunicação

Creio que nos equivocamos ao interpretar a mensagem que, dentre as espécies conhecidas de animais, a que desenvolveu um sistema de comunicação mais complexo, diverso e sutil foi a espécie humana. Antes de comentar o aspecto linguístico da comunicação verbal própria do ser humano, convém afirmar e crer que o homem, sabendo mais ou sabendo menos, é um ser em permanente comunicação. Comunicamo-nos com nossos gestos, com nossa postura corporal, com nosso olhar, com nossa roupa, com nossa expressão facial, com nosso silêncio e, sobretudo, com nossa voz; uma voz que, por sua vez, comunica com seu volume, com seu timbre, com sua força ou com seus balbucios ou titubeios... Tudo em nós é permanente comunicação.

Ainda que muitas vezes não tenhamos a intenção, a mera presença já é por si só uma mensagem. Ser interpretada como um ato comunicativo positivo ou negativo dependerá tanto de nossa maneira de estar presente bem como da capacidade de observação e de interpretação de quem nos esteja observando.

Ao longo de muitos séculos, o homem se autodefiniu das mais diversas formas. Refletindo sobre suas diferenças com o resto dos animais e pensando sobre o que pode ser especificamente constitutivo da raça humana, nós homens temos nos definido como *Homo culturalis*, alguém capaz de gerar arte, literatura, música ou

---

9. Sr 42,22.

dança; como *Homo religious*, um ser dotado de um sentimento e um desejo interior de se relacionar com outro Ser, digamos, superior ou transcendente. O homem também se definiu como *Homo rationalis*, com entendimento, razão e com capacidade de gerar pensamento (um *res cogitans*) e, portanto, com uma vantagem de estar acima dos outros seres incapazes de pensar ao modo humano. Poderíamos seguir oferecendo outras definições: o homem como *Homo ludens*, *Homo aestheticus* ou, um pouco mais pessimista... *Homo homini lupus*, como já nos definiu Tito M. Plauto no século II antes de Cristo[10].

Do assunto que nos ocupa neste livro, também dizemos ser verdadeiro se afirmamos que o ser humano é um *Homo linguisticus*, alguém para quem viver é estar em permanente e incessante relação com a linguagem. Viver é falar inclusive quando não dizemos nada, porque é então, no silêncio, quando o pensamento nos ocupa. Porém, o que é o pensamento? Pensar é produzir linguagem, pois não temos outra forma de desenvolver o pensamento a não ser com palavras organizadas lógica e organicamente. O pensamento é uma linguagem silenciosa; e ao final, palavras. Parece ser impossível parar de falar com o tagarela que carregamos dentro de nós, mesmo que seja, às vezes, para nos contradizer absurdamente. Se pudéssemos agora acessar nossos pensamentos com um microfone, encontraríamos, sobretudo, a linguagem: opinião, juízo, valorização, crítica, distrações de todo tipo... Pensar é falar, somos um conglomerado, por vezes nebuloso e confuso, de múltiplas vozes internas que se sucedem ou se sobrepõem numa velocidade vertiginosa sem respeitar a sua vez. "O pensamento não pode tomar assento"[11], seu modo é passar, estar sempre passando.

---

10. Tito MACCIO PLAUTO († 184 a.C.), *Asinaria*. Citação popularizada por Thomas Hobbes in *De cive*. N. das T.: *homo homini lúpus* = o homem é o lobo do homem.
11. L. Eduardo AUTE, "De passo".

Após sete dias de estrito silêncio meditativo no pagode Igatpuri (Maharastra, Índia), praticando a austera meditação budista vipassana, o mestre que guiava a sessão propôs a cada um de nós que se recolhesse em uma pequena cela individual de meditação com pouco mais de um metro quadrado e apenas 90 cm de altura. Nosso objetivo era permanecer em silêncio absoluto de pensamentos, sem ceder a qualquer tipo de distração ou voz interna... durante um minuto! Depois de quase vinte anos, sigo reconhecendo com certa tristeza que não o consegui.

Dar causa a esta necessidade tão humana, até instintiva, que é comunicar, fez com que o homem apostasse no impossível. Em 1620, Juan Pablo Bonet publicava o primeiro alfabeto para um sistema de sinais que favorecesse a comunicação com e entre pessoas surdas-mudas. Anos mais tarde, o jesuíta Lorenzo Hervás y Panduro, já nos finais do século XVIII, analisava pela primeira vez, em termos linguísticos, esta comunicação por sinais. Para os "pré-linguais", como ele chamava os surdos e mudos, escreveu sua *Escola Espanhola de surdos e mudos ou a arte para ensiná-los a falar e escrever na língua espanhola* (Madrid, 1795). Trinta anos depois, graças ao alfabeto idealizado por Louis Braille em 1825, os cegos começaram a ser capazes de ler todos os tipos de informação através de um desenvolvido sentido de toque. Mas não termina aí; o mais difícil parecia ser estabelecer a comunicação com pessoas surdas-mudas e cegas. Como chegar a comunicar-se com pessoas que parecem estar impossibilitadas de todo estímulo de comunicação com o exterior? O Método Tadoma da professora Sophia Alcorn († 1967) foi um dos métodos pioneiros em utilizar o tato para estabelecer comunicação entre surdos-cegos. Aqueles que têm certa idade podem se lembrar de um dos primeiros (e tremendo!) filmes americanos contra guerra, *Johnny Vai à Guerra*, e a impactante cena final protagonizada por aquele jovem soldado, Joe Bonham, ferido na Primeira Guerra Mundial, desprovido de sentidos, rosto e extremidades[12].

Hoje em dia, em diversos países e idiomas, a pesquisa continua desenvolvendo todo um sistema de comunicação chamado datilologia com o fim de possibilitar a cada pessoa o ato de comunicar-se como forma de autotranscedência, ser capaz de sair de si mesmo e dar lugar a essa condição de alteridade inerente ao ser humano.

Mas esta sede e desejo de comunicação, literalmente, não tem fronteiras. Em 18 de abril de 2018 decolava do Cabo Canaveral (Flórida) um foguete Falcon 9 com a missão de colocar o satélite TESS no espaço (*Transiting Exoplanet Survey Satellite*)[13]. TESS é fundamentalmente um impressionante telescópio que durante dois anos explorará o céu com a esperança de encontrar mais de 20.000 exoplanetas, planetas que estão além de nosso sistema solar, e com o fim de estudar a possibilidade de que possam abrigar vida. TESS poderá fotografar a superfície destes exoplanetas, poderá verificar se existe água e se provê condições para algum tipo de vida similar à nossa. E se houver alguém além do Sol? Seria possível estabelecer algum tipo de comunicação?

Eis que o homem é um ser em comunicação, em relação. Nossa estrutura psicossomática está desenhada para nos comunicar com o mundo, com todos os elementos do nosso entorno: um ser que vê, que ouve, que toca, que cheira, que saboreia, que entende, que raciocina, que critica, que valoriza, que fala, que pondera, que decide, que escuta, que age. Um ser que ama como constatação do nível mais radical da comunicação... "O amor consiste

---

12. Título original: "Johnny Got his Gun" (1973. Diretor: Dalton Trumbo), in Wikipedia: https://bit.ly/2TNSRH7.
13. Satélite de Pesquisa de Exoplanetas em Trânsito.

na comunicação das duas partes"[14]; não existe forma mais plena de viver em comunicação que vivendo no amor.

Temos que reconhecer que a comunicação e a linguagem nos habitam, ou talvez seja mais apropriado dizer que habitamos uma estrutura comunicativa que nos precede? O filósofo tinha razão: "A linguagem é a casa, a casa do ser."[15]

---

14. EE [231].
15. Martin HEIDEGGER, *Carta sobre o humanismo*.

2
Falar

A linguagem se desvela principalmente no falar. *Falar* é um dos verbos mais humanos que temos. Falar é tão próprio e inerente ao homem quanto respirar. Nós nos entendemos falando e sentimos falta uns dos outros ou de certas situações quando, sem saber muito bem por que, se faz silêncio. O mais frequente e normal é que não enfrentemos bem as situações de silêncio: elas nos dão um certo incomodo de "não sei o quê" fazendo-nos sentir desconfortáveis com estas circunstâncias. Reunimo-nos para conversar, tomarmos um café ou um aperitivo para falar. Estamos acostumados a nos entender com os outros por intermédio da linguagem.

2.1. A "magia" da comunicação humana

Quem faz pela primeira vez os exercícios espirituais ou algum tipo de retiro espiritual em silêncio experimenta como é estranho dividir a mesa com quatro ou cinco colegas e amigos e ninguém falar enquanto come. É estranho cruzar com alguém ao caminhar por corredores ou ao entrar num lugar comum e compartilhar o silêncio. O silêncio tem algo que dá um colorido especial na relação. Porém fora destas circunstâncias incomuns, reivindicamos as palavras. É como se as palavras dessem alma aos nossos contextos.

O silêncio pode ser constrangedor e às vezes tenso em um elevador, nos breves silêncios (às vezes longos) em uma entrevista de emprego, em uma situação difícil diante do caixão de um ente querido ou ao pé da cama de uma pessoa doente gravemente. É como se falando tudo fosse mais nosso. A palavra expande e suaviza as situações. Conversando nos entendemos e as pessoas relaxam; com palavras tudo parece e é mais normal.

E temos que reconhecer que gostamos de falar (alguns talvez em demasiado). Somos seres em comunicação e a linguagem verbal é o meio mais comum e estatisticamente mais frequente pela qual ocorre esta comunicação. Ao entrar numa loja ou ao sair do escritório preferimos que nos cumprimentem que nos digam "olá" ou "adeus" a que nos ignorem, silêncio que com frequência interpretamos como falta de educação. Preferimos ter notícias de entes queridos, receber suas palavras quando estão longe ou distantes, porque "o amor é comunicação", o amor procura conservar e aumentar a comunicação. Pela palavra se desperta, se conserva e se aumenta o amor; se falta a palavra o amor se ressente:

> Como nunca soaram,
> Eu as dizia a mim mesmo,
> Eu as pronunciava, sozinho
> Porque me faziam falta[1].

O rápido e enorme êxito das redes sociais mostra este desejo inerente do ser humano: permanecer em comunicação. Cinquenta,

---

1. Pedro SALINAS, "Cuántas veces he estado" [46], in *La voz a ti debida*, ed. de M. Escartín, Cátedra, Madrid, 2010, 198.

cem, duzentos, trezentos contatos em meu celular que posso acessar a qualquer momento e de qualquer lugar. Faz alguns anos eram cerca de 60 milhões de mensagens de WhatsApp e Messenger que eram enviadas diariamente na rede; cerca de dois bilhões e meio por hora ou quase quarenta e dois milhões, por segundo, em 14 de abril de 2016, número que hoje já terá aumentado consideravelmente. Imagine você se pudéssemos ver de alguma forma todas estas mensagens sobrevoando nossas cabeças? Formariam uma nuvem densa e espessa de palavras em nosso ambiente e nos sentiríamos vivendo realmente presos no meio de uma teia de linguagem. Hoje, com facilidade damos um "eu gosto" para algo novo que descobrimos no Instagram ou escrevemos um comentário rápido como reação a uma notícia que nos interpela; este ato muito simples já nos coloca em comunicação com os confins mais inesperados do planeta.

A linguagem nos envolve, nos configura, nos dá a vida, porém a sua ausência... também pode nos roubar de nós mesmos:

Quantas vezes eu fui
– espião do silêncio –
esperando algumas cartas,
uma voz[2].

2.2. Pronunciar, escutar, entender

Mas deixemos por alguns minutos a linguagem minimalista dos "whatsapps" e voltemos à linguagem humana que se emite e se recebe em um encontro presencial de duas ou mais pessoas. Aqueles que são pais podem comprovar a forma aparentemente

---
2. Pedro SALINAS, *La voz a ti debida*, cit., 198.

espontânea e sem esforço com que as crianças se apropriam da linguagem, ou melhor, a linguagem vai se apropriando de seus filhos. Sem outra tarefa a não ser conviver com os mais velhos, as crianças vão assimilando a linguagem que as cerca, por mais complexa e difícil que um idioma possa parecer: russo, espanhol, chinês, norueguês, vietnamita... Todos os pequenos vão, pouco a pouco, imperceptivelmente, transformando seus balbucios incompreensíveis nas primeiras sílabas de sua língua materna. Basta que uma comunidade fale tal idioma para que a criança, sem esforço vá inconscientemente se apropriando da língua. A língua e ela, pouco a pouco, começam a ser uma só coisa.

O "milagre" aumenta quando em algumas zonas do planeta as crianças crescem simultaneamente entre três, quatro ou cinco idiomas diferentes: o de sua família ou povo, o da sua região, o de seu estado e inclusive de seu país, como acontece em lugares da Índia ou em poucos países da África, por exemplo.

Receber um idioma já é um dado maravilhoso na estrutura da personalidade humana. Por se tratar de um fato tão habitual e comum, ao alcance de (quase) todos, falar acabou por perder seu componente de assombro; perdemos nossa admiração pelo fato cotidiano de podermos falar! Se pararmos para considerar com um pouco de calma, podemos nos espantar diante de uma das atividades mais nobres do ser humano: o poder de falar com sentido, poder nos entender falando e poder construir e transformar o mundo através das palavras. Durante meus estudos de Filologia, além de fonética, semântica ou sintaxe, aprendi também a me maravilhar com o mistério e grandeza da linguagem. Poder falar!

a. *Pronunciar e ordenar: a criação da palavra*

Não importa de que país você venha ou a que cultura você pertença, o fato físico da sua fala é o resultado da combinação e interação rapidíssima de cerca de oito órgãos que cada pessoa tem entre a parte do meio da garganta e o canto da boca: as cordas vocais, o véu do palato, o palato, as fossas nasais, os alvéolos, os dentes, a língua e os lábios. Quando queremos dizer algo, o cérebro, de modo supersônico, envia ordem a todos e a cada um destes órgãos, lhes dá uma ordem de intervenção e faz com que todos concordem em pronunciar uma palavra. De forma simultânea e sem que nos seja dado tempo para controlar, o cérebro puxa dos pulmões a quantidade de ar necessária para que esta palavra ou sentença seja pronunciada. Assombroso.

Sim, assim como você "ouve". A produção da linguagem, ao que chamamos de "fonética articulatória", é um dos atos humanos de sincronização de movimentos mais preciso, rápido e... maravilhoso. Uma frase tão comum como pedir a um garçom um copo d'água, "Por favor, poderia me trazer um copo d'água?", pode se tornar motivo de justificado espanto. Todos os órgãos vocais se colocam de acordo e se sincronizam de modo rápido e preciso para que o "*p*", o "*o*", o "*r*", o "*f*"... ocupem seu exato lugar no momento certeiro e a frase seja ao final inteligível.

Ao mesmo tempo em que se pronunciam os sons, o cérebro vai estabelecendo internamente as concordâncias de gênero e número entre as palavras para que a frase resulte, além de bem pronunciada, harmonicamente construída. Pedimos "um copo" d'água, e não "uns copos", por exemplo.

Além desta atenção inconsciente para que as palavras concordem umas com as outras (a estrutura morfológica do idioma), a linguagem tem por si mesma uma lógica interna que nos é imposta. Todo orador deve respeitar esta ordem lógica que chamamos de "sintaxe", se quiser de fato participar da língua desta ou daquela comunidade linguística e falá-la com mais ou menos correção. As palavras nascem em nosso cérebro e se articulam em nossos órgãos vocais em uma ordem pré-estabelecida e admitida pela comunidade linguística, o que faz com que nos entendamos. Se pularmos esta ordem não nos faremos bem compreendidos (no entanto) num idioma.

O que aconteceria se dissesse ao garçom "Me por copo um com traz favor água"? Talvez nos respondesse: "ideia não que dizendo tenho nem você do está me". As palavras que acabamos de ler estão bem pronunciadas e preservam a concordância de gênero e número, mas não respeitaram as leis da ordem sintática, que, ainda que em algumas línguas seja mais flexível que em outras, não podemos quebrar de forma absoluta se desejamos nos entender.

Neste sentido comprovamos como é legitimo afirmar que "a linguagem nos possui": uma vez nela, em sua estrutura e em suas leis, não podemos sair do que ela mesma nos impõe. Falar desordenadamente como no exemplo que acabamos de mostrar é algo muito difícil, para não dizer impossível, de fazer em nossa fala cotidiana. A linguagem é assim.

Não é incrível? A cantora e compositora chilena percebeu isso e incluiu a linguagem como uma das grandes coisas que a vida lhe deu. "Graças à vida, que tanto tem me dado. Deu-me o som e o alfabeto. E com eles as palavras que penso e declaro, mãe, amigo, irmão"[3].

b. *Significado: a roupagem da palavra*

Mas há ainda muito mais. A complexidade interna do fato de falar afeta também outras dimensões do ato da comunicação. Falar é algo muito mais rico e complexo que pronunciar bem e em ordem lógica determinadas palavras. Se só fizéssemos isso estaríamos reduzindo o precioso feito de falar numa dimensão

---

3. Violeta PARRA, canção "Graças à vida".

meramente descritiva ou científica, e falar seria quase sempre algo muito aborrecido.

Mas, graças a Deus, contamos também com isto que chamamos de "semântica", a parte da linguística que trata do significado, acepções e conotações das palavras. Existem palavras que significam várias coisas, são polissêmicas, como *cola*, que pode se referir à cola que utiliza o carpinteiro em seu ofício para unir com firmeza dois pedaços de madeira, ou cola como anotação usada fraudulentamente como auxílio num exame, ou cola como apêndice posterior do corpo de alguns animais (cauda)[4]. A palavra *banco* pode significar um lugar para se sentar ou um estabelecimento onde se guarda dinheiro, ou algum lugar do mar onde inesperadamente fica mais raso (banco de areia)[5]. Usamos estas palavras com naturalidade, sem necessidade de explicá-las, sabendo que o contexto lhes dará o significado oportuno e, portanto, a interpretação adequada.

Outras vezes, as palavras adquirem em algumas expressões conotações secundárias, retiradas de outros significados primários: podemos dizer "Estou perdido em um mar de dúvidas", sem que isso signifique estar me banhando no mar Cantábrico ou Mediterrâneo, ou "José Ramón é um livro aberto", para dizer que sabe muitas coisas, sem por isso ter de aguentar por vinte e quatro

---

4. Exemplos foram ajustados para a língua portuguesa de forma a dar sentido. O autor colocou os seguintes exemplos em espanhol: *"colo que puede referirse a la cola del cine, a la cola que utiliza el carpinteiro en su taller para unir com firmeza dos piezas de madera o a la cola del caballo"*. [N. das T.]
5. Também foram ajustados os exemplos para que tenham sentido em português. O autor colocou os seguintes exemplos em espanhol: *"banco puede aludir a un lugar para sentarse o a un establecimiento donde se guarda el dinero, o a algún lugar del mar donde hay muchos peces (banco de peces), pero también a algún lugar de la carretera donde se pierde la visibilidad por exceso de niebla (banco de niebla)"*. [N. das T.]

horas um livro em suas mãos. Que "este assunto vai dar pano para manga" significa que provavelmente ficará complicado em algum momento.

Tudo isso o nosso cérebro sabe e adapta rapidamente as palavras para cada situação, buscando o significado mais próximo ao que realmente queremos lhes dar. Às vezes são as próprias situações em que nos encontramos é que dão o significado às palavras. Podemos pedir ao garçom um copo d'água, ou, que nos tire uma foto, porque, em um restaurante, em uma mesa e estando a comer, é um pedido "que faz sentido". Porém não podemos pedir a um garçom que vemos passar com uma bandeja de refrescos "um estepe de roda" ou "uma raquete de badminton" porque por mais correto que esteja a pronúncia da frase, o contexto em que está a esvazia de sentido, tornando-a um pedido "infeliz" ou frustrado.

Os bons humoristas conhecem, talvez sem sabê-lo, todas essas possibilidades da linguagem e por isso o que falam acaba por ser engraçado. Em última análise, o humor nada mais é do que um jogo de linguagem em que infringir algumas de suas leis internas, provoca surpresa e, muitas vezes, risos. Duplo sentido, ironias, recorrer a imagens ou metáforas criativas e inovadoras, ou mesmo absurdas, são formas de usar as palavras para deixar nosso dia a dia um pouco mais divertido.

Porém se não estamos num espetáculo cômico claramente definido como tal, o tema pode ser mais sério. Uma proliferação de frases ou colocações "infelizes" ou desafortunadas na vida de uma pessoa é motivo suficiente para marcar uma consulta com um psiquiatra ou um neurologista. Muitas vezes as distorções linguísticas são a ponta do iceberg que nos permitem concluir que pode haver um problema físico interno mais sério na pessoa, provavelmente de caráter neurológico.

A necessidade, os contextos ou as situações podem modificar o significado de expressões e enriquecê-las com sentidos ou significados novos. Voltemos a algo tão simples como estas duas palavras: *por favor*. Se aplicarmos nelas um componente afetivo, veremos que o significado muda completamente. Podemos dizer "por favor" como um gesto universal de cortesia e existente em vários idiomas (*please, s'il vous plaît, bitte, per favore*), "por favor, que horas são?" ou "por favor, em que sala é a conferência?". Agora, se um professor pronuncia estas duas palavras no início da aula numa classe com vinte e cinco alunos do 2º ano do ensino fundamental e um volume desproporcionalmente alto de (70 decibéis), o significado de *por favor* é outro completamente diferente, muito provavelmente transmitirá uma ordem: "silêncio!". Porém se estas mesmas duas palavras, *por favor*, são ditas com certo tom de resignação acompanhadas de um ligeiro movimento das mãos, pode não se estar pronunciando uma fórmula de cortesia ou dando qualquer ordem, mas sim expressando desacordo com o que está sendo dito.

Contudo as possibilidades de expressão da linguagem não acabam aqui. Falar pode também dar voz às dimensões mais profundas do ser. A expressão de amor, verdade ou beleza assume forma privilegiada em um poema, como a casa do sentimento que busca transcender a si mesma. A poesia é a linguagem da emoção sem outra lógica, às vezes oculta, que a do poeta, uma lógica que não define nem descreve, mas que simplesmente expressa. A linguagem transcende a si mesma em todo um novo universo de possibilidades através de metáforas, imagens, aliterações, analogias, símbolos..., onde ser, sentir, alteridade, desejo ou transcendência converge em umas palavras que dizem muito mais do que significam. No poema a seguir, no âmbito de nossa realidade histórica, ninguém se esconde, ninguém geme, não há um cervo, ninguém foge, ninguém se machuca, ninguém vai a lugar algum, e mesmo assim, no entanto, tudo serve para expressar uma realidade profundamente humana de um conteúdo espiritual sem limites:

Onde é que te escondeste,
Amado, e me deixaste com gemido?
Como o cervo fugiste,
Havendo-me ferido;
Saí, por ti clamando, e eras já ido[6].

c. *Escutar e entender: acolher a palavra*

Todavia, para que a linguagem seja verdadeiramente um meio de comunicação, é necessário um interlocutor, um receptor competente que conheça esta linguagem e seja capaz de manejá-la de maneira minimamente inteligente. O que acontece uma vez que dizemos alguma coisa? O que intermedia aquele simples pedido de um copo d'água que fizemos ao garçom na seção anterior e os dados reais que alguns minutos depois um copo com água fresca está diante de mim sobre a mesa? O que intermedia é o ar e somente o ar. É pelo ar, e graças a ele, que se produz o não menos surpreendente ato de ouvir, a capacidade de decodificar o que chega aos nossos ouvidos na forma de ondas imperceptíveis.

Antes que o garçom escute as minhas palavras, elas se encontram com o ar ao sair da minha boca. O ar é o ecossistema das palavras. O ar recebe tudo aquilo que os órgãos vocais produziram e permite sua viagem em forma de ondas: os sons graves produzem ondas diferentes que as dos agudos, e os sons das vogais são diferentes dos das consoantes. As palavras... são ar! O vento as leva, sim, e melhor que as levem! Elas só podem ter vida graças ao ar dos pulmões; só podem dar vida aos outros graças ao ar que as intermedia e só podem ser compreendidas graças a relação que se estabelece entre o ar que a intermedia com

---

6. São JOÃO DA CRUZ, *Cântico espiritual*, estrofe 1.

o ouvido interno de quem as ouve. Sim, as palavras são ar, *pneuma*, sopro, espírito, e aí elas ganham vida.

A viagem das palavras pelo ar não é fácil. Estas ondas chegam ao pavilhão auricular, ao ouvido, do nosso garçom e elas terão que realizar uma longa, porém muito rápida, jornada até chegar ao seu cérebro, e uma vez lá, traduzir nosso pedido de "um copo d'água" em uma mensagem que lhe seja inteligível. Orelha, ouvido, nervo auditivo e córtex cerebral se alinham para interpretar e decodificar as ondas de minha mensagem: "um copo d'água". O ouvido, como qualquer outra parte do corpo humano, é um órgão muito complexo. Por sua vez, se divide em três partes: ouvido externo (do pavilhão auricular à membrana auditiva), ouvido médio (da membrana auditiva, passando pelo tímpano, até a janela oval) e ouvido interno, onde se encontra o caracol ou cóclea, uma pequena "usina" de cerca de três centímetros e meio, responsável por produzir as descargas elétricas que enviarão as informações ao cérebro. Ali se encontra o órgão de Corti, com cerca de 15.000 "estereocílios" que causarão pequenas faíscas devido a combinação de dois líquidos, endolinfa e perilinfa, tendo cada qual quantidades muito diferentes de potássio e sódio. Esta corrente elétrica atinge o cérebro, o córtex auditivo: frequência (Hz), intensidade (dB) e duração (ms) se combinam em milissegundos para tornar a mensagem inteligível: no final "um copo d'água" estará na nossa mesa.

Um processo rapidíssimo no qual emissor e receptor se mantêm ativos na conversa graças à precisão e sincronização dos órgãos que articulam a linguagem e dos que a recebem para decodificá-la.

Sim, incrível; milagroso? Eu diria isso também. Nestas páginas, tivemos que ser muito simples para poder realizar esta rápida exposição sobre como falamos e nos entendemos. Com este conhecimento, a questão que agora se coloca é como e por que usamos nosso idioma? Que função tem essa dimensão linguística em nossa vida social, em nossa vida espiritual, em nosso relacionamento com Deus?

3

Conversar: quando a vida se traduz em palavras

"É a nobre conversa...
Mãe do saber, libertação da alma,
comércio dos corações, vínculo da amizade."
BALTAZAR GRACIÁN, *O Crítico*[1]

Uma das primeiras coisas que fazemos ao começar uma jornada diária é saudar com um "olá" ou com um "bom dia" os familiares da casa ou os colegas de trabalho. Se neste momento nosso interlocutor estiver suficientemente consciente, ele nos responderá da mesma maneira ou de forma semelhante; é possível que esta simples saudação diária seja o início de uma conversa.

3.1. Conte-nos sobre a vida, a nobreza do ser humano

Como tantas outras palavras em português, conversação é uma palavra que procede do latim: *conversatio*, e do infinitivo *conversar*. Por sua vez, essas palavras latinas se formam a partir de uma raiz comum, versare: um verbo derivado de *vertere*, no

---

1. Ed. de Emilio Blanco, Ariel, Barcelona, 2018, 37.

português *verter* (derramar, despejar) água em um copo ou verter um líquido em um recipiente. Este significado etimológico dá à conversa uma nova e preciosa luz. Falar com os outros, conversar, tem muito de verter (derramar) e de se verter (se derramar). O diálogo se manifesta para nós como um canal, uma possibilidade de comunicar a vida, de derramá-la na vida do outro através de palavras faladas e ouvidas. À medida que a água sai da jarra para verter no copo, é assim que as palavras dos que falam derramam suas vidas no lugar comum do encontro, um diálogo.

Antes de o *verso* fazer alusão a cada linha de um poema, ele se confrontava com cada um dos sulcos que o agricultor traçava no campo com seu arado. A conversa nos leva, através da palavra, assim como o verso, pelo mesmo caminho. Nós nos unimos pela palavra, fazemos amizade, começamos a nos querer. Falar é a possibilidade para o amor. Não existe amizade sem conversa, não existe amigo sem palavras compartilhadas, porque somente pelas palavras é que podemos compartilhar nossa vida e este compartilhar a vida é que tece uma amizade. Poucas, muito poucas coisas unem tanto as pessoas e fortalece os afetos entre elas como uma boa conversa.

Em um dos inúmeros (e sempre proveitosos) cursos que recebi no noviciado, há alguns anos, escutei da pessoa que nos acompanhava: "Uma das melhores coisas que um jesuíta pode fazer para outro é...". Eu esperava algo assim como "ser mártir, ser santo, morrer na missão, ser perfeitamente obediente, rezar mais devota e frequentemente...". Enquanto todas as minhas magníficas hipóteses se sucediam rapidamente em meus pensamentos, esperando que alguma delas fosse a certa, nosso acompanhante terminou sua frase: "...*é partilhar sua vida*". Reconheço que senti certa surpresa e, ao mesmo tempo, certa desilusão e até uma certa decepção: "Uma coisa tão grande, a maior mesmo, partilhar a vida a outro companheiro?"

Aquela frase ficou em minha memória ao longo destes trinta anos, resistindo a ser compreendida e interpretada. A grandeza do diálogo não reside aqui na beleza de retórica ou na elegância da oratória que se utiliza, mas sim na seriedade primordial do que se conta: a vida, a minha vida. Ao partilhar estamos nos derramando, nos vertendo. Se não existem palavras sobre minha vida, a minha vida permanecerá obscura, na sombra para todos, mas, sobretudo, para mim mesmo. Contar a vida é iluminar minha presença e, portanto, começar a me entregar, confessar tudo, a me derramar. Deus se disse e a este dizer-se chamamos de Nascimento.

A palavra tem, para o bem e para o mal, uma energia vinculadora. Optar por uma ou outra opinião, por exemplo, em uma mesa de decisão, é posicionar-se frente a um objeto, a um projeto e, de forma inevitável, frente a outros, sem dúvida a favor de uns e, muito provavelmente, contra outros. Pronunciar "eu te amo" é permitir que um vínculo emocional pessoal veja a luz e redimensione, talvez, uma relação até então de colegas ou de amigos. Pronunciar "eu te odeio" pode significar o fim de um relacionamento ou levá-la para um lugar distante que precisa de reconstrução e reconciliação. Há palavras que orientam ou reorientam toda uma vida e pode, às vezes, levá-la a pontos sem retorno.

Todos, de alguma forma, vamos nos dando a conhecer de forma indireta através de nossos atos, silêncios, modos de presença, através de nossas opiniões ou nossos gestos... Falar direta e expressamente sobre si mesmo e fazer de sua própria vida o primeiro argumento de uma conversa é dar à palavra um novo papel e um novo status de dignidade. Quando o primeiro argumento da conversa somos nós, que estamos aqui e agora, a palavra não é um mero meio de descrever, analisar ou avaliar este ou aquele "objeto", ou para opinar ou criticar esta ou aquela situação, mas para que se converta no que dá forma inteligível à nossa vida; a palavra é nossa vida feita linguagem e, portanto, compreensível e transparente para todos que a ouvem. Eu me entrego em minhas palavras.

Falar de si mesmo é começar a compartilhar quem sou, quem somos e como estamos; implica necessariamente perder a intimidade e, dito positivamente, favorecer que nossas vidas sejam brilhantes para os outros. Falar assim é começar a ser amigo. Falar de si mesmo é decidir viver a vida com certa lucidez ingênua porque é optar por fazer-se livremente vulnerável, frágil. A vida que se abre e se dá pela palavra é o início de uma desapropriação vital, é começar a ser configurado por um tipo especial de pobreza. Falar de si mesmo é ficar exposto, em grande medida, à disposição de outros, que sabem e podem usar o que sabem sobre mim em uma direção ou outra. Ao conversar assim, corremos o risco de perder o poder que vem de ter informação "privilegiada". Conversar assim é entregar-se confiantemente, colocar nossas vidas em mãos alheias e ao mesmo tempo acolher a vida do outro em nossas mãos.

3.2. E, como falar de si mesmo?

Todos já constatamos em algum momento que falar de si mesmo não é uma tarefa fácil. Para alguns custa mais do que a outros. Uns são mais extrovertidos e outros mais tímidos. Contudo, o fato de ocorrer (ou não) a conversação não precisa estar diretamente ligada a esse traço de personalidade. Este ponto, como em tantos outros, as aparências podem enganar. Uma pessoa extrovertida pode ser muito comunicativa e ter facilidade para falar e compartilhar sobre os aspectos externos de sua vida, mas ser incapaz de falar abertamente sobre seu mundo interior. E, por outro lado, também, pode acontecer que pessoas tímidas sejam aquelas que estão mais acostumadas a conversar pessoalmente de si mesmas, sobre o que mais lhes interessa ou preocupa. Algumas pessoas, por conta de sua própria história pessoal e familiar podem estar mais acostumadas, outras menos. Umas podem ter sido feridas em conversas passadas e talvez decidiram fechar definitivamente suas vidas e ancorar-se em uma definitiva "minha vida, para mim".

No geral, não nos resulta fácil traduzir e colocar em palavras aquilo pelo qual estamos passando. Não raramente experimentamos que somos estranhos a nós mesmos e que, se levarmos a sério esta pergunta tão aparentemente trivial, "como você está?", e se pararmos para pensar sobre isso, muito provavelmente nos custaria responder. Creio que por mais que cresçamos em autoconhecimento e por mais horas que possamos investir em diversos tipos de "terapia", nunca acabaremos por nos conhecer completamente e seguiremos sempre peregrinando por uma zona de mistério dentro de nós mesmos.

Quando nosso próprio mundo interior é nosso primeiro referencial de nossa língua, muitas vezes não sabemos o que dizer, e experimentamos uma sensação de certo "bloqueio linguístico", simplesmente porque desconhecemos que palavras estão mais de acordo com as nossas emoções, desejos ou sentimentos... Não estamos acostumados a falar de nosso mundo interior, e por isso não é fácil estabelecer a associação entre a palavra e o objeto ao qual a palavra quer se referir (nossas próprias emoções). A intenção do poeta era muito clara, mas a realidade, muitas vezes, não acompanha as intenções:

> Quero que minhas palavras
> digam o que eu quero que te digam,
> e que tu as ouças
> como eu quero que tu as ouças[2].

---

2. Pablo Neruda. Na versão original: "Quiero que mis palabras / digan lo que yo quiero que digan, / y que tú las oigas / como yo quiero que las oigas." [N. das T.]

Neruda aí expressa um otimismo muito grande, em minha opinião desproporcional, sobre as habilidades comunicativas da linguagem, pois a experiência nos diz que nem sempre a relação entre a palavra e as "coisas" a que se referem é tão transparente e tão coerente como gostaríamos. Às vezes não se ajustam com exatidão ao que queremos que digam e muitas vezes não são ouvidas ou interpretadas como desejamos que sejam ouvidas e interpretadas. Os sentimentos e as emoções estão aí, mas não sabemos como trazê-los à luz através de palavras certas e adequadas. Talvez já tenha acontecido em uma conversa amistosa ou em algum encontro na qual pensamos transmitir alguma ideia e, portanto, dizer algo, mas no final reconhecemos que dissemos coisas bem diferentes ou que não falamos o que gostaríamos dizer e como pretendíamos dizer. Também pode nos acontecer de dizer algo como queríamos dizê-lo e nossos interlocutores entenderem de forma distinta com as quais não nos identificamos e nem nos reconhecemos. ("Terei dito isto? Está se referindo a mim?"). Comunicar, e comunicar bem, não é fácil. Apesar de estar como estamos hoje, hiper conectados, vemos que ainda há erros na comunicação e mal-entendidos na interpretação.

Juan Ramón Jiménez, tão acostumado a colocar a palavra certa no verso adequado, pediu:

Inteligência, dá-me
o nome exato das coisas!
Que minha palavra seja
a coisa em si,
criada pela minha alma novamente[3].

---

3. Juan Ramón JIMÉNEZ, *Eternidades*. Recordamos o uso original que J. R. Jiménez fez da letra *"j"* empregando-a no lugar da *"g"* diante do *"e/i"*. Na versão original: "Inteligencia, dame / el nombre exacto de las

Conversar é entrelaçar duas histórias, "aproximar" duas existências pelo poder vinculador da linguagem que as expressa. Ao terminar uma conversa, parte de mim se vai com o outro e parte da vida do outro começou a ser, para sempre, parte de minha própria vida. Falar de si é dar-se e, portanto, deixar de se pertencer, uma forma de empobrecer-se. Jesus sabia disto e optou por falar: "Tudo o que ouvi de meu Pai vos dei a conhecer", por isso nos chama de amigos[4].
Não possuímos a vida: a recebemos e tentamos gerenciá-la responsavelmente. Conversar é em si mesmo um ato dignificante do ser humano. A palavra é o meio que temos para nos aproximar de nós mesmos, de quem, em não poucas ocasiões, estamos tão distantes. Falar de mim, fazer de minha própria história e do meu trabalho diário o conteúdo de minhas palavras, é um ato de autoconsciência no qual vou lentamente me des-cobrindo e me des-velando em minha verdade. A linguagem é a luz do real. A linguagem nos dá a vinculação afetiva com o meio em que vivemos; sem ela tudo seria confuso e nebuloso.

> Por que você tem um nome,
> dia, quarta-feira?
> Por que você tem um nome,
> tempo, outono? [...]
> Se você não tivesse nome
> eu não saberia o que era
> nem como nem quando. Nada[5].

---

  cosas! / Que mi palabra sea / la cosa misma, / creada por mi alma nuevamente." [N. das T.]
4. Jo 15,15.
5. Pedro SALINAS, "Por que tu tens nome...?" [9], in *La voz a ti debida*, cit., 125. Na versão original: "¿Por qué tienes nombre tú, / día, miércoles? / ¿Por qué tienes nombre tú, / tiempo, otoño? [...] / Si tú no tuvieras nombre /yo no sabría qué era / ni cómo ni cuándo. Nada." [N. das T.]

Pela palavra me reconheço em paisagens de reações ou desejos inexplorados ou, talvez, nunca vistos. Existem "coisas" que não eram minhas ou não era, todavia, eu, porque nunca as pronunciei antes: "Por acaso sou eu mesmo este que está falando?" "Reconheço-me realmente no que estou dizendo?"..., porque quase tudo permanece oculto e sem identidade até que não é pronunciado.

Conversar é ir me alcançando em meu eu mais verdadeiro, nesse recinto unicamente meu, onde descem todas as noites para descansar os medos, desejos e saudades, as angústias e cansaços, alegrias e ilusões que emergem à luz da palavra apenas quando vislumbram o lar apropriado no calor de uma escuta sincera. Ao conversar assim adicionamos ao mundo honestidade. Há muitas conversas nocivas que geram desconforto interno e agressividade e que podem despertar sentimentos e desejos negativos. Porém há conversas que suavemente vão construindo uma atmosfera de bem-estar. Há satisfações que nascem de palavras bem-ditas, oportunamente lúcidas e afetivamente apropriadas. Pronunciar palavras de forma precisa e construtiva desperta empatia, acolhimento e carinho. O bem falar, o bem dizer é causa primeira do bem-estar. Existem conversas que vencem o tempo, que contém este *não sei o quê* de abstraída concentração que vai longe sem se perceber. E algo de dentro reage sem querer: "Estamos bem aqui, vamos continuar conversando".

Mas está ficando tarde e, sim, você tem que ir. A conversa termina, mas o eco das palavras permanece no tempo. O eco não são as palavras em si que voltam como de longe; o eco não é sequer a memória do que me disseram ou as novas informações que me transmitiram, não. Não é isso, nem é esse o eco principal das palavras. É algo mais profundo que tem a ver com o sentimento que fica, com a memória afetiva que permanece no tempo, talvez para sempre, quando o interlocutor já se foi. Os dois de Emaús talvez tenham esquecido as explicações sobre as Escrituras que o Ressuscitado estava oferecendo a eles, mas o que eles nunca puderam esquecer é que, ao ouvi-lo, lhes "ardia o coração"[6]. Isto não se impõe e, em muitas ocasiões, sequer se pretende: simplesmente acontece. A conversa constrói nossa identidade e guia nosso destino. Sim, falar, falar livremente, abertamente, falar fazendo do dizer uma conversa, algo tão simples, se transforma em uma das experiências mais cativantemente humanas pela qual podemos viver.

3.3. Uma morada para a palavra

A palavra precisa de uma morada, de um lar. Se desejamos falar sobre nós mesmos, e transbordarmo-nos em nossa conversa, temos que construir um contexto apropriado. O primeiro e mais importante elemento é o interlocutor. Esse "outro" que conhece e quer acolher a vida que lhe é oferecida através das palavras. Por exemplo, este saber já não se refere a um "saber profissional", próprio de um psicólogo, psicoterapeuta ou diretor espiritual. Não. O interlocutor e o receptor de uma vida ou fragmentos de vida é alguém que acolhe a partir de uma existência também aberta e que se dispõe a partilhá-la transbordando-a também em palavras.

A vida que busca se expressar assim é como o esquilo que espia primeiro o local e timidamente verifica se o ambiente em que se encontra é bom para sair. Muitas vezes, muito mais do que cremos, a conversa é frustrada não tanto pela ausência de desejo de comunicar, ou pela incompetência dos interlocutores, mas sim porque não se soube favorecer nem cuidar do ambiente no qual a palavra, como a semente, poderia "cair". Sabemos que Deus,

---

6. Lc 24,32.

em sua infinita generosidade, se oferece e se expõe através de sua palavra em todos os contextos: entre sarças, em terreno pedregoso, em terra seca e em terra boa[7]. Nós tendemos a ser menos generosos que Deus e arriscamos menos; preferimos guardar silêncio antes que os fragmentos de nossa vida feita em palavras caiam à beira do caminho ou em contextos hostis que podem interpretá-las inadequadamente, manipulá-las ou deturpá-las.

A palavra sobre a própria vida sai de nós quando sentimos que a terra que a vai receber é terra boa, terra de confiança, de liberdade, de compreensão e misericórdia..., definitivamente, terra de amizade. Nós nos expomos a dizer algo, a "contar sobre nós", quando sabemos que nossa palavra será recebida sem ser julgada, analisada ou criticada, mas sim que será acolhida "tal qual é dita", sem suspeitas nem julgamento prévio, sem necessidade de ecos coloridos por conselhos morais ou lembretes jurídicos. É vida que se derrama e que é acolhida, ouvida e compartilhada; o resto nos é dado por acréscimo.

3.4. "E Deus disse...": Deus respira e Deus pro-nuncia

"Disse Deus". Este é um refrão que percorre o precioso relato da criação oferecido no primeiro capítulo do Livro do Gênesis. A primeira coisa que Deus faz é falar, dizer. E Deus fala para trazer ordem porque "a terra era um caos disforme". Porém "disse Deus" e seu dizer foi o princípio da ordem, da harmonia, do entendimento. Deus começou a se relacionar com sua criação falando com ela, mimando-a com suas palavras.

---

7. Mc 4,1-20.

a. Deus, Luz e Palavra

"Que se faça a luz"[8]. São as cinco primeiras palavras que Deus pronunciou na Bíblia. "Que se faça a luz". Luz e Palavra. Pela Palavra se fez a Luz. Onde existe palavra bem-intencionada, bem pronunciada... a luz se faz. E disse Deus. E assim as coisas foram aparecendo, porque foram pronunciadas por Deus: o firmamento, com a lua e as estrelas, as águas dos oceanos, a terra dos continentes, os animais, as plantas...

Deus começou a se relacionar com o mundo falando com ele e, em seu falar, tudo foi encontrando o seu lugar adequado, seu lugar natural. A natureza é o fruto fecundo de Deus pro-nunciando-se, consequência de seus primeiros atos linguísticos em favor do homem. Por sua palavra, Deus foi configurando um lugar habitável para o homem.

Se o homem foi criado no sexto dia, é claro que não havia homem algum que pudesse escutar estas frases de Deus no primeiro, segundo terceiro... dias. Mas não importa. O que agora nos interessa é que o homem imaginou um Deus verbalizado, um Deus que para entrar em relação com o homem usava o mesmo meio que ele: a palavra. "E Deus disse". O autor do Gênesis coloca em Deus este ato inerente à estrutura humana que é a fala e atribui a Deus uma das mais miraculosas capacidades humanas, que é a linguagem. "Nosso Deus – ele pensaria – tem que falar e sua palavra há de ser enérgica, poderosa." Deus fala e, falando, o mundo se transforma, se ordena, se dignifica. Por isso Deus fala muito dentro de nós. Isso quer dizer "Deus disse". É muito importante o que Deus diz, mas muito mais importante *é um Deus que diz*. Deus é comunicação e sua Palavra é parte de seu Ser.

---

8. Gn 1,3.

O mundo nasce da Palavra de Deus, do sopro de Deus, o mesmo que pairava sobre as águas, mas ainda não havia se organizado em linguagem[9]. A Criação adquire assim uma ordem linguística, na criação existe uma lógica... A criação é cósmica e não caótica, a criação é Palavra de Deus. Deus é um eterno "dizendo" e por isso o mundo continua se expandindo infinita e vertiginosamente: porque Deus segue pronunciando-o. Esse dizer de Deus é construtivo. Quando reconhecemos que Deus fala, entendemos aí um ato de criação, de sopro de vida, de geração de vida. Falar Deus é fazer Deus, Deus faz quando fala... e isso nos foi transmitido, o poder de construir o mundo através das palavras. A estrutura material e física, o tempo e o espaço, o dia e a noite, a terra e a água..., isso Ele já nos deu por sua Palavra. Porém a administração diária desta realidade foi confiada ao homem, que através da palavra também está capacitado a gerar vida, desenvolver a vida, vida digna e vida em abundância. O que muda para melhor quando falamos?

    O autor do Gênesis não estava tão interessado em insistir no poder de Deus e em sua mágica capacidade para gerar o ser a partir do nada, ou do não-ser, como ligando Deus, o Ser Supremo, com a linguagem e a linguagem com o mundo. Assim, homem, mundo e Deus se vertem na mesma conversa que se desenvolve a respiração, no sopro de Deus. *Ruah*, hálito, ar, vento. A palavra precisa de ar. Pronunciando, Deus comunica a si mesmo por seu Espírito, porque não há palavra sem respiração. Deus e a Linguagem compuseram o mundo. Não sabemos, nunca saberemos o que aconteceu ou o que poderia ter acontecido no Princípio, mas o que sabemos é suficiente para inspirar a vida divina nesta vida e nesta morte que temos. Deus é a Palavra. Isso não se refere, em primeiro lugar, a que Deus diga isto ou aquilo. Fingir entender

---

9. Gn 1,2.

"Deus Palavra" como a palavra humana que ouvimos de um amigo não é compreender a dimensão comunicativa de Deus. Deus é o hálito cósmico que a tudo ordena. Diz o Gênesis que "um sopro de Deus agitava a superfície das águas".[10] Para ter vida as palavras requerem ar, hálito, respiração. Nós vivemos neste sopro de Deus, na vida que transmite o hálito que a tudo preenche e que a tudo chama à vida:

> Tu amas tudo o que criaste, não te aborreces com nada do que fizeste; se alguma coisa tivesses odiado, não a terias feito [...]. Como conservarias sua existência, se não as tivesses chamado? Mas a todos poupas, porque são teus: Senhor, amigo da vida![11]

Ser imagem de Deus é ter sido incorporado a este sopro eterno e infinito do Criador e viver na certeza de estar sendo respirado, recriado, vivificado..., pronunciado.

b. *"Oxalá escuteis hoje a voz do Senhor"*: Deus escuta

Israel vivia na convicção de que Yahvé era um Deus que falava, um Deus que se comunicava. Como povo, Israel foi desenvolvendo uma tradição e uma cultura de ouvir a voz de seu Deus. Deus havia falado pela lei e pelos profetas; para ser um bom filho, o que Israel tinha que fazer agora era acolher esta palavra; e acolher consistia, em primeiro lugar, escutar. "Escuta, meu filho, a disciplina do teu pai, não desprezes as instruções da tua mãe"[12]; "conserva minhas palavras no teu coração, guarda os

---
10. Gn 1,2.
11. Sb 11,24-26.
12. Pr 1,8.

meus preceitos, e viverás"[13]; "Fala, pois teu servo ouve"[14] é o conselho de Eli a Samuel.

Porém esta experiência religiosa dialógica é reversível. O homem escuta a seu Deus, porém vive na convicção de que seu Deus não somente lhe fala, mas que Ele também o ouve e, ao ouvi-lo, atua em seu favor. "Amo ao Senhor porque Ele ouve a minha voz suplicante, porque Ele inclina seu ouvido para mim"[15], com a convicção de que "o Senhor me ouve quando o chamo"[16] e não permanece indiferente perante a minha súplica: "Do seu templo ele ouviu a minha voz, / meu grito chegou aos seus ouvidos"[17]. Deus me escuta internamente, intimamente: "conduzi-la-ei ao deserto e falar-lhe-ei ao coração"[18].

Esta proximidade de Deus dava a Israel segurança frente a seus inimigos:

> "Afastai-vos de mim malfeitores todos, o Senhor escutou a voz do meu pranto"[19], e consolação na dificuldade: "Os israelitas gritavam a Deus"; e Deus responde a Moisés: "Ouvi o clamor de meu povo"[20]. Enfim, a vida de Israel estava em jogo na expressão deste desejo: "Oxalá ouvísseis hoje a voz do Senhor!"[21].

A Bíblia também ensina que a escuta de Deus tem suas "frequências" favoritas: pequenos e pobres, órfãs e viúvas. Nada fica

---

13. Pr 4,4.
14. 1Sm 3,10.
15. Sl 116,1.
16. Sl 4,4.
17. Sl 18,7.
18. Os 2,16.
19. Sl 6,9.
20. Ex 3,7.
21. Sl 95,7.

de fora do raio de ação da escuta de Yahvé e da esperança de que Deus atuará em seu favor... "Este pobre clamou e o Senhor o escutou"; "tu ouves, Senhor, o desejo dos pobres, animaste-os dando-lhes ouvido"[22]; "para ouvir o gemido dos prisioneiros / e livrar os condenados à morte"[23]; "A súplica do pobre vai direto aos ouvidos de Deus / e seu julgamento virá sem demora"[24]. Israel foi desenvolvendo uma tradição de fazer da comunicação uma experiência religiosa. Deus e o homem podem manter uma conversa pessoal, íntima, única e não repetível. O povo adquire de uma maneira quase inata a convicção de que uma importantíssima dimensão da realidade de Deus é a Escuta e outra diretamente vinculada a esta é a Linguagem, a Palavra. A religião não somente é questão de fé, no sentido de assumir acriticamente preceitos, leis ou dogmas, mas também ao mesmo tempo é questão de *experiência de comunicação*. Uma fé sem comunicação petrifica a convicção e corre o perigo de apagar o horizonte de transcendência próprio de toda religião. Não é internalizando e até memorizando alguns princípios ou verdades de nossos pais o que nos torna religiosos, mas viver em comunicação com Deus, ouvindo-o, falando-lhe, talvez "como um amigo fala com outro amigo"[25] e em seguida atuando. Deus se empenhou em falar a seu povo, em sair de si mesmo e comunicar sua vida e sua vontade.

c. *"No princípio era a Palavra": Deus disse.*

Existe uma dimensão inerente a Deus que se define como "Mistério", que se refere a essa definição de Deus como o absolutamente Transcendente, o totalmente Outro. Às vezes nos referimos

---

22. Sl 10,17.
23. Sl 102,21.
24. Sr 21,5.
25. EE [54].

a Ele como o Ser infinito, insondável, ilimitado. Uma corrente mística que se aproxima deste Deus-Mistério tão inefável – aquele do qual nada ou quase nada se pode dizer – foi chamada "apofática"[26] porque mantém que a opção pelo silêncio ante a majestade de Deus é a mais adequada e apropriada para o homem. Segundo esta corrente, Deus é Aquele sobre quem nada se pode dizer com certeza, porque Deus transcende todas as definições, todos os conceitos, todas as palavras. Uma definição de Deus que se cala será a mais adequada que aquela que se aventure a dizer uma palavra sobre Ele.

Se isto fosse *somente* assim, o projeto trinitário da Encarnação teria, em grande medida, sido frustrado, porque na vinda do Filho a Trindade expressou seu desejo de se tornar acessível, próximo, inteligível, até mesmo "reconhecido em seu aspecto como um homem"[27]... Em Jesus, o Mistério se fez homem como melhor caminho possível para oferecer um sentido para nossa vida e nossa morte. Em Jesus, Deus se comunicou; em Jesus, Deus disse algo, muito, tudo sobre si mesmo. Se Deus tivesse uma forma melhor de comunicar sua vida aos homens, o teria feito; em Cristo reconhecemos que Deus se nos deu no quanto possível, "até o extremo".

Muitas vezes também ouvimos que Jesus é a *Palavra*, o Verbo do Pai que existe desde sempre e para sempre junto a Ele[28]. Porém o Filho ampliou o "estar próximo a Ele" e tornou-se também "perto do mundo, no mundo". "Nesta etapa final falou-nos por meio do Filho"[29]. O que Deus tinha a nos dizer, o disse através do Filho. Este ser e estar do Filho entre nós não diz respeito

---

26. Apofática = do grego apofatikós = relativo à negação, refutação ou contestação. [N. das T.]
27. Fl 2,7.
28. Jo 1,1.
29. Hb 1,1.

apenas a um quê, mas também a um como. Deus em Jesus não somente disse algo ao ser humano, como também *se-disse*. Jesus é Deus pronunciando-se a si mesmo. Jesus é a Comunicação da Trindade na história, em nosso mundo; Jesus é a constância e a evidência de Deus feito linguagem "do nosso jeito". Pelo que estamos vendo nestas páginas, bem podemos afirmar que Jesus é a "Fonética do Pai".

Em Jesus, Deus começou a falar a linguagem do homem, mas que, ao contrário, nos revelou que a língua que vínhamos falando era a linguagem de Deus. Nós não tínhamos outra vida nem outra linguagem que a linguagem de Deus. A Encarnação de Jesus nos mostrou com suavidade e doçura[30] que éramos muito mais divinos do que acreditávamos e que todo o mundo que nos configurou já fazia parte da vida de Deus, de sua respiração. O mundo era sua Palavra, mas ainda não sabíamos.

Jesus veio como Palavra de Deus para nos mostrar como, quando e onde Deus se comunica. E Jesus não nos falou de nuvens misteriosas, nem de montanhas solitárias, nem de carros de fogo. Falou-nos dos lírios e pássaros, do pão e fermento, de água e vinho, de um pastor e algumas ovelhas, de uma mulher e de um poço. E nos mostrou que a Palavra pode ser brisa e tormenta, caricia e açoite, Palavra de verdade, palavra sincera: "Que vosso 'sim' seja 'sim' e vosso 'não' seja 'não'."[31] Deus fala por Jesus e sua mera presença é suficiente para gerar dignidade: "porque em dar-nos, como nos deu, o seu Filho, que é a sua Palavra única – e outra não há – tudo nos falou de uma vez nessa Palavra, e nada mais tem para falar"[32].

---

30. EE [124].
31. Mt 5,37.
32. São JOÃO DA CRUZ, *Subida do Monte Carmelo*, Livro II, cap. 22,3.

Em Belém começa outra história. Belém é a aula onde estudamos a língua de Jesus: hebraico, aramaico? Belém é uma nova linguagem entre Deus e o ser humano, e Jesus é a Gramática que nos é ofertada para aprendê-la. Bastaria olhar, ouvir, aprender, olhar de novo, refletir... para fazer de nossa vida a linguagem de Deus: passar fazendo o bem[33].

Jesus de Nazaré falou com sua vida e Ele foi habitado por uma linguagem: falou. Os Evangelhos preservaram pequenos parágrafos nos quais foram recolhidas conversas de Jesus. O Nazareno conversou com mulheres, homens e crianças de seu tempo; falou, para surpresa de alguns, com uma mulher da Samaria (escândalo!) e com outra que padecia de fluxo de sangue; falou com um centurião romano, com um homem doente de lepra e com outro que estava cego; falou também com Zaqueu, com Herodes e Pilatos, com Pedro, com Nicodemos, com Maria Madalena, com os fariseus e escribas, com João Batista. Jesus acreditava tanto no poder vivificante da palavra que, para o escárnio de alguns, chegou a falar até com os mortos[34].

d. *"Eu quero: fique limpo": Deus faz*

Como qualquer outro homem de seu tempo, Jesus utilizou a palavra e a palavra adquiriu a categoria de "meio divino". N'Ele, a palavra manifesta um novo valor edificante. A palavra em Jesus, como a de Deus no Gênesis, é energia que transforma o mundo, o coração, o destino, o passado e o futuro. Ao falar, Jesus cura, gera vida, devolve a dignidade, outorga confiança, restabelece, restaura, perdoa, anima, conforta, consola, provoca. Foi "profeta poderoso em obras e em palavras"[35] e em não poucas ocasiões, o

---

33. At 10,38.
34. Mc 5,41.
35. Lc 24,19.

agir e falar confundiam os seus significados em Jesus: "Eu quero, sê purificado"[36], "Mulher, ninguém te condenou, eu também não te condeno, vá em paz"[37], "Levanta, toma teu leito"[38], "Lázaro, vem para fora!"[39] "Maria!"[40]

Seu falar era fazer. Em Jesus, pronunciar é vivificar, restaurar a Criação que também brotou de um efetivo pronunciar de Deus: "E Deus disse: Faça-se...", e de sua fala resultou uma ação vital. A palavra de Jesus é continuação daquela palavra primordial de Deus no Gênesis pela qual tudo foi feito, e sua vinda ao mundo é consequência de uma palavra intratrinitária: "Façamos a redenção"[41], e este fazer tornou-se história na encarnação em Maria.

Como filho de sua cultura religiosa, Jesus viveu em uma convicção inalienável de que o Pai o escutava: "Pai, dou-te graças porque me ouvistes, porque sempre me ouves"[42]. Jesus vivia em constante comunicação com o Pai, e esse modo de viver em sua presença foi motivo de diálogo com seus discípulos: "Pedi e vos será dado, buscai e achareis, batei e vos será aberto"[43]. "Se pedimos algo segundo sua vontade, ele nos ouve"[44].

A escuta é bem-vinda e tem uma vocação para a história, a ser cumprida. Continuando o que Deus começou no princípio, Jesus ensinou com sua vida que a vocação última da comunicação com Deus é chegar ao porto da ação; aliás, somente a ação transformadora da história pode revelar que a Palavra de Deus foi verdadeiramente ouvida. As obras não são um ato independente

---

36. Mc 1,41.
37. Jo 8,18.
38. Jo 5,8.
39. Jo 11,43.
40. Jo 20,16.
41. EE [107].
42. Jo 11,41-42.
43. Mt 7,7.
44. 1Jo 5,14.

da escuta e internalização da Palavra, mas sim a última parte de todo um processo interior que começa por se dispor à escuta de Deus e que culmina com a ação em favor do irmão. Fazemos porque nós vivemos como parte do Sopro e da vida de Deus onde tudo se alicerça, fundamenta, onde tudo tem seu devido lugar, próprio, consistente.

Tornai-vos praticantes da Palavra e não simples ouvintes! Com efeito, aquele que ouve a Palavra e não a prática assemelha-se ao homem que observando seu rosto no espelho, se limita a observar-se e vai-se embora, esquecendo-se logo de sua aparência[45].

Fazer o bem é estar no campo da irradiação da virtude de Jesus, é fazer parte do "ambiente de família" no qual participam aqueles que se intitulam "Cristãos", tal e como Jesus havia respondido: "Felizes os que ouvem a palavra de Deus e a observam"[46]. Porém é muito mais. A ação bondosa, justa, misericordiosa constrói, é verdade, a história e o mundo tornando-os sempre melhores, mais justos e misericordiosos. Porém Jesus também nos disse que a linguagem das ações boas, justas e misericordiosas nos edifica; a ação bondosa, justa ou misericordiosa dá consistência cristã à própria vida, é a rocha sobre a qual se sustenta a construção da vida. Não fazer o bem é construir uma existência na areia, uma das formas mais tristes de desperdiçar uma vida.

Porque Jesus falou e falou *assim*, também nós somos convidados a falar e a falar *assim*, convencidos de que a conversa em seu nome é fonte de vida, arquiteta de histórias e causa de atos de justiça.

---

45. Tg 1,22-24.
46. Lc 11,27-28.

segunda parte

INÁCIO E AS PALAVRAS

Já nas primeiras páginas deste livro fizemos uma breve referência à relação dos jesuítas com as palavras. Esses primeiros capítulos refletiram sobre o valor, o sentido e o maravilhoso componente da comunicação e da linguagem; da relação tão direta entre o dizer e o fazer, entre as palavras e as obras. Consideramos o valor da Palavra na vida religiosa de Israel, que culminou na aproximação à pessoa de Jesus como transparência da Palavra do Pai. Essas reflexões preliminares servem como um portal apropriado para adentrarmos no valor que os jesuítas atribuíram (e atribuem) à palavra e à interpretação que a espiritualidade inaciana faz deste ato tão humano quanto religioso que é o falar.

4
Inácio de Loyola, homem de palavras

"Deus e o homem acenam um ao outro. Isso através da linguagem humana, aquele agindo no coração humano através de sentimentos e moções."

PETER-HANS KOLVENBACH, SJ[1]

"Mestre Inácio, homem da palavra". O Pe. Peter-Hans Kolvenbach poderia ter descrito Inácio como um homem de sonhos, projetos, utopias ou mesmo um homem de grandes obras. Mas ele escolheu "homem da palavra". Com efeito, muito da vida apostólica deste crente, e grande parte da obra que fundou e deixou como herança, só pode ser compreendida aprofundando-se no conhecimento e no manejo adequado da palavra que Inácio de Loyola e seus primeiros companheiros muito bem desenvolveram.

---

1. P.-H. KOLVENBACH, "Maestro Ignacio, hombre de la palabra", in *Decir... al Indecible*, ed. de I. Iglesias, Mensajero/Sal Terrae, Bilbao/Santander, 1999, 29.

4.1. O humanismo: aprender a "dizer bem"

Inácio de Loyola veio ao mundo numa época em que o humanismo realocou o homem trazendo-o para o centro da história e do mundo. Uma vez feito isso, uma das chaves do sucesso (e de seu possível fracasso) residia no trato hábil dos relacionamentos e da comunicação. Para chegar a ser alguém relevante e importante, as palavras tinham que ser bem manejadas. Isto implicava e revelava uma sólida formação em gramática, retórica e oratória o que lhe permitia expor com clareza, persuadir com admiração e convencer com autoridade.

O Renascimento foi, sem dúvida, o tempo das artes e das invenções, da economia, dos bancos e da burguesia, mas também, em meio a tudo isso, foi tornando possível o tempo das palavras. Reconhecimento social, prosperidade econômica e glória mundana estavam intimamente ligados ao bom uso e manejo das palavras.

Assim, o humanismo foi o tempo da recuperação e da expansão da retórica como a arte de bem organizar um discurso; da eloquência ou da arte de compô-la com elegância, e da oratória, a arte de bem pronunciá-la ou proclamá-la, de saber expressá-la com correção. Esta arte da palavra se veiculava através de três grandes fóruns ou cenários de comunicação: *ars arengandi* ou a arte de compor discursos na esfera sociopolítica; *ars praedicandi* ou a arte de compor sermões, na esfera eclesiástica, e *ars dictaminis* ou a arte de bem escrever, de compor cartas e epístolas com beleza e elegância. Curiosamente, os primeiros jesuítas se dedicaram com empenho e se destacaram nesses três cenários. Na origem desta dedicação em conhecer e dominar bem a palavra estava Íñigo de Loyola.

4.2. Inácio de Loyola, um homem de "bem dizer"

Durante seus anos em Arévalo (1507-1517), Inácio de Loyola se iniciou no aprendizado e domínio nas artes da palavra. A formação recebida deu seus frutos. Nos parágrafos iniciais da Autobiografia, quando as tropas afins ao rei de Castela que defendiam a fortaleza de Pamplona consideravam a possibilidade de se render ao enorme exército francês que a assediava, Inácio interveio com energia e convicção: ele "deu tantas razões ao governador da cidade, que o *persuadiu* a defender a fortaleza ainda que vissem claramente que não o poderiam fazer"[2]. Muitas vezes nossa maneira de conhecer e interpretar as coisas tem a ver com o discurso que fazemos sobre elas. O que teria dito Inácio ao governador? Quais teriam sido os argumentos utilizados para mudar sua opinião e decisão? Que metodologia de argumentação Íñigo teria lançado mão? O que o faria ser tão persuasivo e, acima de tudo, tão convincente?

Os poucos dados que nos oferece o texto que chamamos de *Autobiografia* nos revelam que Inácio era um homem treinado na conversação e no domínio das palavras. Nos dá a impressão de que era uma pessoa que gostava de falar e conversar com as pessoas; tinha experiência, estava forjado nela e, a partir das oportunidades que sua vida na corte lhe possibilitara, teria praticado a arte da conversação em contextos, situações e com pessoas muito diferentes.

4.3. Deus, o mais original interlocutor de Inácio

Muito tem sido escrito sobre o processo de conversão de Inácio de Loyola em sua casa-torre: sua leitura da *Vita Christi* e da vida

---
2. Au [1].

dos santos, seus primeiros sentimentos de consolação e desolação, seus desejos de ir a Jerusalém... Interessa-nos agora aproximar-nos daquele intenso período de sua vida a partir da chave da "conversação", porque sabemos que, em grande medida, esta primeira experiência de Deus em Inácio teve uma grande influência na configuração, anos depois, nos *Exercícios Espirituais*.

O que aconteceu a Inácio, desde que ele começou a ler os livros de devoção que sua cunhada Magdalena de Araoz lhe providenciou, foi de uma intensa conversação espiritual interior que irrompeu com força durante sua longa convalescença. Uma conversação que foi tecida, suave e inconscientemente, a três ou quatro interlocutores: Inácio, os textos que lia e seus personagens, o que mais tarde ele viria a chamar de "espírito maligno" e o próprio Deus. A conversão de Inácio foi se desenvolvendo na medida em que foi se dando conta das diferentes vozes que intervinham nessa conversa e na medida em que ele consequentemente reagia, respondendo com obras à voz que ele acreditava vir de Deus.

Assim, o processo de Inácio nos ajuda a concluir que todos nós conversamos com pensamentos (palavras), com fantasias e imagens, com memórias, com desejos e sentimentos que suscitam espontaneamente em nosso interior. Nosso mundo interior faz parte de um "ambiente conversacional" no qual concorrem diversos interlocutores que passam a palavra uns aos outros, a maioria das vezes sem pedir nossa permissão. Às vezes vários falam ao mesmo tempo, outras vezes alguns falam "mais alto" do que outros, outras vezes alguns mantêm um silêncio estratégico...

Pouco a pouco Inácio foi aprendendo a distinguir estas vozes interiores: de onde vêm umas e outras, o que buscam ou o que querem dele, quem está por trás de seus pensamentos ou sugestões, para onde elas o levam... O importante, o que realmente foi capital em toda essa primeira e hesitante experiência de Inácio em Loyola, é que ele estava ciente de que uma voz produzia nele implicações afetivas. Era uma voz que quando ressoava em seu interior, quando lhe dava atenção, ele começava a notar que ela evocava sonhos, alegria, reconciliação, paz, serenidade, harmonia, amor, esperança... Deus e Inácio começaram assim suas "silenciosas conversações", acenando um ao outro, como bem nos lembrava Pe. Kolvenbach linhas acima. A conversa nem sempre era nítida e clara. Às vezes um dos interlocutores, Deus, parecia guardar um perturbador e inquietante silêncio; em outras ocasiões Inácio interpretava mal algumas palavras ou sinais ou tentava comunicar ao seu interlocutor o que realmente não estava dizendo... Outras vezes, Deus falava inequívoca e tão claramente que o forçava a mudar suas próprias decisões, mesmo aquelas que ele acreditava serem imutáveis[3]. Aprender a se relacionar com todo esse mundo interno de pensamentos, desejos, afetos e propostas para reconhecer ali a presença e a voz de Deus é o que chamamos de *discernimento*.

4.4. Inácio, aprendiz e mestre da conversação

Inácio percebeu que essas conversas com Deus lhe faziam muito bem. Tomar decisões com base nessas experiências interiores era algo que lhe enchia de vida. Assim despertou nele o desejo de dar-lhes continuidade incluindo outros interlocutores mais próximos, a começar pelos seus familiares e pessoas de seu convívio. Eram suas primeiras conversas espirituais. Ele apreciava essas conversações e compartilhava suas experiências e, simultaneamente, ia percebendo o bem que estava fazendo àqueles com quem ele conversava. Como iniciante neste mundo da conversação,

---

3. Au [27].

Inácio foi aprendendo com a experiência, alcançando seus pequenos êxitos e integrando também alguns fracassos dos quais, sem dúvida, também extraiu não pouca vantagem.

a. Sucessos

Com pessoas próximas e familiares ele começou a compartilhar algo ou muito do que ele ia conversando com Deus: "Todo o tempo em que conversava com os seus, era gasto todo em assuntos de Deus, e com isto aproveitava as suas almas."[4] Pouco depois, em Manresa, além das conversas que ele buscava, havia outras pessoas espirituais que procuravam Inácio e "desejavam conversar com ele".[5] A conversão de Inácio está muito diretamente vinculada à conversação, ao cotidiano e ao instintivo fato linguístico de falar livremente sobre aquilo que é "de Deus".

Essa conexão me parece muito interessante para o que mais tarde será algo muito típico do carisma inaciano e da espiritualidade da Companhia de Jesus: "ajudar as almas". Esta maneira simples de fazer o bem começa a estar diretamente relacionada com a conversação, com o reto e bondoso uso da palavra. Desde estes primeiros tempos de Loyola e Manresa, Inácio não abandonou esse jeito de se relacionar com o próximo através da conversação espiritual: em Paris "conversava com o mestre Pedro Fabro"[6] e "quando veio de Flandres a primeira vez, começou, mais intensamente que costumava, a entregar-se a conversações espirituais".[7]

Inácio foi aprendendo a adaptar suas palavras e conversações ao contexto e ao seu interlocutor, por mais diferentes que fossem. Seus familiares se surpreendiam com as mudanças

---

4. Au [11].
5. Au [21].
6. Au [82].
7. Au [77].

que estavam ocorrendo em Inácio e eles podiam comprovar tanto por suas conversas quanto por outros gestos e hábitos que ele começava a introduzir em sua vida[8]. Um pouco mais tarde, já em Barcelona, conversando com Isabel Roser e seu marido, "começaram a *fazer uma breve conversa espiritual* que os deixou maravilhados e cheios de devoção".[9] E uma vez finalizados os seus estudos em Paris, passando por sua terra, Azpeitia (1535), e guiado pelo desejo de reformar alguns costumes de sua cidade natal, "conseguiu que se proibisse o jogo e se chegasse à execução prática, persuadindo aquele que tinha o cargo da justiça"[10]; também *persuadiu* o governador para que punisse as mulheres que cobriam a cabeça por algum homem que não fosse seu marido[11].

Inácio soube encontrar um espaço no hospital e tempo em sua agenda apertada para "conversar das coisas de Deus com muitos que foram visitá-lo, por cuja graça renderam muitos frutos".[12]

b. *Fracassos*

Mas nem tudo foi sucesso. A *Autobiografia* nos fala de pelo menos dois grandes "fracassos retóricos".

Quando Inácio se dirigia a Manresa, com o desejo de seguir seu caminho para Jerusalém, um mouro em sua mula o alcançou no caminho e eles iniciaram uma conversa sobre a virgindade de Nossa Senhora. O mouro admitia que a Virgem Maria pudesse ter concebido sem a intervenção de um homem, mas não aceitava

---

8. Au [10].
9. *Scripta de Sancto Ignacio,* Matriti, 1904, 735.
10. Au [88].
11. Au [89]. Informa a Au 88 = naquele país as moças vão sempre de cabeça descoberta e não a cobrem até casar-se. Mas há muitas que se tornam concubinas de sacerdotes e outros homens, e lhes guardam fidelidade, como se fossem suas mulheres. [N. das T.]
12. Au [88].

que Nossa Senhora tivesse permanecido virgem depois de dar à luz. Inácio tentou refutar o raciocínio do Mouro, "e por mais razões que lhe deu o peregrino não conseguiu mudar-lhe a opinião."[13] Talvez cansado de discutir e ver que a conversa estava esgotada, o mouro avançou em seu caminho e Inácio ficou muito chateado internamente, sentindo "indignação contra o mouro" e pensando que não tinha feito bem em deixá-lo ir com suas ideias "errôneas" sobre a virgindade de Maria. Esta foi sua primeira derrota dialética em questões teológicas; por outro lado, bastante compreensível se levarmos em conta o nulo conhecimento mariológico do peregrino imaturo.

A saída de Inácio de Jerusalém foi o resultado de outra derrota retórica, desta vez com os franciscanos guardiões dos Lugares Santos. Depois de tanto tempo e esforço investidos para chegar a Jerusalém, Inácio tentou todos os meios para permanecer ali, mas a vontade dos frades, apoiada pela autoridade das bulas papais, acabou por se impor de maneira clara: "disse o provincial [dos franciscanos] que eles tinham autoridade da Sé Apostólica para fazer sair ou ficar a quem lhes parecesse, e o poder de excomungar a quem não quisesse obedecer".[14] Não sem dor, Inácio teve que subordinar seu enorme desejo de permanecer em Jerusalém aos argumentos pontifícios que fecharam a porta a qualquer discussão posterior. Ele teve que ir. A esta nova derrota somou-se uma nova sensação de fracasso. Levou quase dois anos para Inácio chegar a Jerusalém e agora seu projeto de permanecer lá estava desaparecendo depois de uma conversa com um interlocutor firmemente preso à sua posição inegociável; com os franciscanos não houve possibilidade de conversar, a ele só restou obedecer.

---

13. Au [15].
14. Au [46].

Podemos ainda nos referir a outra experiência singular de Inácio. Tão importante quanto aprender a falar foi aprender a ficar em silêncio. Suspeito por ensinar formas pouco ortodoxas de rezar, a Inquisição levou Inácio ao convento dominicano em Salamanca, onde foi interrogado sobre suas atividades pastorais. Os padres dominicanos, mestres de retórica e oratória, foram conduzindo a conversa aos moldes de um interrogatório até o ponto limite e comprometedor para Inácio: "Vocês [Inácio e seus companheiros] não são letrados e falam de virtudes e vícios, e disso ninguém pode falar, exceto de duas maneiras: ou por letras ou pelo Espírito Santo. Não por letras, então pelo Espírito Santo", argumentaram os dominicanos. Preso em um beco sem saída, para não ser acusado de ser um alumbrado, Inácio optou pelo silêncio como a melhor das respostas possíveis: "e depois de ter calado um pouco, disse que não era preciso falar mais destas matérias".[15]

Falar, simplesmente falar, foi a primeira e mais imediata ferramenta apostólica de Inácio. Uma ferramenta simples, imediata, direta e barata, conatural, acessível a todos e compreendida por todos. Uma ferramenta poderosamente humana, profundamente espiritual e efetivamente apostólica. Como Inácio a utilizou para ir configurando um grupo de autênticos amigos? Sobre o que falar? Como iniciar e sustentar uma conversação assim?

4.5. A conversação como exercício espiritual e apostólico

Ao regressar de Jerusalém, Inácio se perguntou novamente: o que fazer? Tendo alcançado um nível de latim suficiente para continuar seus estudos, Inácio deixou Barcelona e foi para a Universidade de Alcalá, recentemente fundada pelo Cardeal Francisco

---

15. Au [65].

Ximénez de Cisneros. Mas lá ele estudou pouco "e com pouco fundamento."[16] Por quê? Porque, mais do que se dedicar os estudos de Humanidades e Teologia, dedicou-se principalmente a conversar. Sim, estas primeiras atividades pastorais de Inácio são ministérios da palavra, de falar e conversar com as pessoas que se aproximavam dele ou que ele procurava falar de coisas espirituais: "exercitava-se em dar exercícios espirituais e em declarar a doutrina cristã."[17] Em que consistiriam esses "exercícios espirituais"?

Inácio conversava pelas ruas de Alcalá, nas proximidades da universidade ou no pequeno quarto que lhe foi designado no hospital de Antezana e que ainda hoje pode ser visitado. Conversava com pessoas de diferentes tipos, jovens estudantes, mulheres das redondezas e de diferentes círculos sociais que visitavam aquele leigo, um tanto bizarro e já maduro, procurando conselho, orientação, uma luz ou algum método simples de orar e se sentir mais perto de Deus.

Foi por meio da conversa que Inácio conseguiu unir o primeiro grupo de companheiros: Diego de Cáceres, Calixto de Sá, Juan de Arteaga e Juan Reynalde, o Juanico. Pouco sabemos sobre eles. Eles se tornaram bons amigos, e decidiram continuar estudando juntos em Paris, embora esse projeto não tenha se concretizado. A que eles se dedicaram? Em grande medida, se dedicaram ao ministério da palavra, para falar das coisas de Deus com as pessoas. Inácio não deve ter feito errado, porque anos depois lembrou: "Principalmente na Espanha, eles ficaram surpresos que eu falasse e conversasse tanto sobre coisas espirituais."[18]

Certamente, falaram e compartilharam suas experiências com devoção, com convicção e talvez com paixão, mas com pouco

---

16. Au [64].
17. Au [57].
18. Inácio de Loyola a João III (Roma, 15 de março de 1545), in *Obras completas*, BAC, Madrid, 1982, 700.

fundamento. Faltava-lhes a palavra da Tradição, a palavra da Igreja, a palavra que poderia explicar qual tinha sido a relação de Deus com seu povo e, sobretudo, a palavra que pudesse interpretar corretamente a linguagem de Deus no coração do homem, o que mais tarde ele chamaria de "moções". Por isso decidiram continuar seus estudos juntos em Paris, uma cidade distante, que lhes permitiria concentrarem-se com seriedade em seus estudos. Inácio deu um passo à frente para preparar o terreno, mas nenhum dos quatro o seguiu; a Autobiografia nos informa brevemente sobre o que aconteceu com cada um deles, o que nos dá a entender que Inácio, mesmo de longe, tinha conhecimento de seus caminhos e se mantinha ciente de suas vidas[19]. O fato de esse grupo ter se dispersado veio para acrescentar mais um fracasso à lista de Inácio.

4.6. A conversação dos amigos de Paris

Sua primeira tentativa de construir um grupo de companheiros em Barcelona e Alcalá não se concretizou. Aqueles primeiros amigos nunca chegaram à cidade do Sena. Mas Inácio não se deu por vencido e, sem outra arma além de uma conversa interessante e atraente que nasceu de uma experiência autêntica, começou a erguer novamente a construção de um pequeno grupo de amigos. No ambiente universitário de Paris havia muitos e, sem dúvida, bons jovens. Talvez alguns desejassem se juntar ao projeto de Inácio, então para isso ele teria que se esforçar.

O primeiro caso, e talvez o mais ilustrativo, é o da amizade com Pedro Fabro. O saboiano o recorda muito bem nos inícios de seu *Memorial*:

---

19. Au [80].

Neste mesmo ano [1528] Inácio veio para a escola de Santa Bárbara e ocupou o mesmo quarto que nós [...]. Ele queria que eu ensinasse a esse homem santo, e que conversasse com ele sobre coisas exteriores e, mais tarde, sobre as coisas interiores; morando no mesmo quarto compartilhávamos a mesma mesa e bolsa. Me orientou nas coisas espirituais (através da conversação), mostrando-me o caminho para crescer no conhecimento da vontade divina e da minha própria vontade. Enfim, passamos a ter os mesmos desejos e a mesma vontade[20].

Os outros companheiros testemunharam como essa amizade entre Inácio e Fabro foi se consolidando através da conversa; porque

> quando começavam a falar, ficavam absortos na conversa de tal maneira, que se esqueciam de Aristóteles e de sua lógica e filosofia, como aqueles que estavam ocupados em algo mais elevado que o deles[21].

Fabro foi um grande mestre da palavra, um grande conversador. Simão Rodrigues, outro dos primeiros companheiros, disse dele:

> Este padre tinha, entre muitas outras virtudes, a mais especial e encantadora suavidade e graça que eu já vi em minha vida para tratar e falar com as pessoas, porque de qualquer coisa e sem escandalizar

---

20. Pedro FABRO, *Memorial* [8], *Monumenta Fabri*, Matriti, 1914.
21. Simón RODRIGUES, FN II, 384-385.

ninguém tirava matéria para tratar e falar de Deus; e não sei como não, mas com sua mansidão e doçura conquistou para Deus os corações daqueles com quem tratou[22].

Parece que Fabro não perdia muito tempo; é como se tivesse integrado ou assimilado o uso bondoso da palavra em todas as circunstâncias de sua vida. "Nunca ouvi – comenta são Pedro Canísio – que saísse de seus lábios, nem mesmo na conversa trivial nem em conversas íntimas, nem quando está à mesa, nada que não redunde em honra a Deus e inspire devoção."[23]

Fabro acreditava muito no poder da conversação e para ele isso foi se convertendo um verdadeiro exercício espiritual, intimamente ligado aos Exercícios Espirituais que fazia e dava: "O que mais ajuda a manter os frutos e conservar e aumentar as graças recebidas nos Exercícios Espirituais é ter conversas espirituais."[24]

Fiéis à sua dimensão etimológica, Fabro e Inácio experimentaram o que implicava derramar suas vidas no mesmo verso, no mesmo lugar espiritual através da conversação. Pelo entrelaçamento das palavras foram entrelaçando suas vidas, configurando uma amizade que, por estar centrada em Cristo, recebia em toda a sua profundidade o adjetivo "espiritual".

A partir de latitudes mais distantes, Francisco Xavier também o destaca: "Quando começo a falar nesta santa Companhia de Jesus, não sei como sair de *comunicação* tão aprazível, que nem sei terminar de escrever [...], porque de tantas maneiras tomo conhecimento do muito que devo a todos na Companhia."[25]

---
22. *Monumenta Broëti,* Matriti, 1903, 453.
23. Pedro CANÍSIO, *Epistulae et acta,* 76-77.
24. Pedro FABRO, *Monumenta Fabri,* cit., 450.
25. IGNACIO DE LOYOLA, *Epistolae et instructiones* 2, Matriti, 1904, 8.

Pouco a pouco foram chegando outros mais: "Todos esses cinco [companheiros], pela via de exercícios e de conversação, chegaram a uma grande vantagem nas coisas espirituais e determinaram deixar o mundo e seguir o instituto de Íñigo."[26] Com certo tom de admiração e devoção por aquele primeiro grupo em Paris escreve, quarenta anos depois, Pedro de Ribadeneira: "E o voto que eles tinham feito (o qual renovavam a cada ano) de pobreza perpétua, o de ver-se e conversar-se todos os dias de uma maneira familiar, mantendo-se em suavíssima paz, concórdia e amor, comunicação de todas as suas coisas e corações, os aliviava e os encorajava a seguir em frente nos seus bons propósitos."[27]

Assim, os primeiros jesuítas iniciaram um modo de proceder na qual a palavra foi ocupando um lugar cada vez mais importante. A afeição e a união entre eles estavam muito vinculadas às conversações e palavras compartilhadas. Eles estavam construindo uma comunidade de amigos espalhados por todos os lugares, mas ligados pela palavra, a que permanecia na memória e a que regularmente conservava acesa a afeição entre si através das cartas recebidas.

---

26. Juan Alfonso de POLANCO, *Sumario hispánico*, in FN I, 181-183.
27. Pedro de RIBADENEIRA, *Vida de Ignacio de Loyola*, in FN IV, 233-235.

5
A conversação nos Exercícios Espirituais. "Como um amigo fala..." EE [54]

> "...como um amigo fala com outro amigo."
> SANTO INÁCIO DE LOYOLA, EE [54]

Para aqueles que já tenham feito os "Exercícios Espirituais" segundo o método inaciano não lhe parecerá estranho o aparente paradoxo que se dá ao viver um tempo de retiro em absoluto silêncio externo, por um lado, e a presença frequente da palavra na experiência espiritual interior, por outro.

Em muitas ocasiões o exercitante é convidado a se colocar diante dos mistérios da vida de Cristo numa atitude contemplativa, que implica ver e observar o que as pessoas fazem, bem como *ouvir* o que as pessoas dizem e *falam*[1]. Jesus se faz próximo e familiar na contemplação tanto por sua voz e palavras como por seus gestos e ações; tudo para que o exercitante tenha a possibilidade de conhecê-lo internamente. Confiando em sua própria experiência, Inácio sempre demonstrou enorme confiança no poder transformador da palavra que brota da conversa com Deus.

---
1. EE [107.115.194].

5.1. Os Exercícios, experiência em palavras

Inácio de Loyola deu os Exercícios Espirituais aos seus primeiros seis companheiros: Pedro Fabro, Diego Laínez, Alfonso Salmerón, Nicolás Bobadilla, Simon Rodrigues e Francisco Xavier. Os exercícios são um tipo de retiro cujo método pode ser adaptado a um curto período de dois ou três dias ou um pouco mais extenso, exercícios de uma semana ou mesmo um mês, tal como Inácio o concebeu[2]. O clima de recolhimento e silêncio é muito importante no método. Podemos então nos perguntar: se os Exercícios são feitos em silêncio, qual o valor e a função poderiam ter, então, a palavra? A partir de sua própria experiência, Inácio desenhou um caminho espiritual na qual a experiência religiosa se vai construindo à medida que atende os diversos tipos de conversação que vão surgindo no íntimo do exercitante.

O que são os Exercícios Espirituais? Nessa perspectiva que abordamos, os Exercícios podem ser definidos como um tempo para a palavra e para a conversação; em suma, um exercício de retórica espiritual. O processo espiritual do conhecimento interno de Jesus Cristo vai sendo construído quando integra um cuidadoso silêncio exterior com uma relação peculiar com a palavra que se escuta interiormente; serão os *movimentos afetivos* (as moções) de tais palavras, que marcarão o itinerário da experiência.

No pequeno livro dos Exercícios, Inácio de Loyola desenvolveu toda uma estratégia para o uso e a gestão da palavra. O próprio texto que ele nos deixou é, por si, só um exemplo de concisão e precisão. Longe de procurar uma estética literária ou uma beleza expressiva, Inácio elaborou um texto árido em que cada palavra está em seu devido lugar, com seu propósito específico a serviço do todo e para o bem daqueles que fazem os Exercícios.

---

2. EE [18-20].

5.2. "Mais em obras do que em palavras." E se as palavras forem as obras?

Esta é uma das frases mais conhecidas dos *Exercícios Espirituais*. Aparece como uma das notas introdutórias ao último dos exercícios propostos por Inácio de Loyola, conhecido como "Contemplação para alcançar amor"[3]: "O amor deve ser pôr-se mais em obras do que em palavras."[4] Muito provavelmente, quando escreveu esta frase, Inácio tinha por inspiração o precioso texto da Primeira Carta de São João: "Filhinhos, não amemos com palavras nem com a língua, mas com ações e em verdade."[5] Ao longo de seu método, Inácio propõe um percurso no qual o exercitante vai se dando conta das obras que Deus tem feito por ele, "por mim"; Maria o expressou com alegria no seu grande poema: "O Poderoso fez grandes obras em mim"; sim, são grandes obras, obras edificantes, obras fundamentais: Deus me criou e me deu vida; Deus tem mostrado seu perdão e misericórdia incondicionais para comigo. Deus operou a Encarnação, a vida de Jesus; que concordou em ir para a sua paixão e morte e o Pai o trouxe na sua ressurreição "por mim"; e Deus me sustenta e me mantém vivo por sua presença amorosa, habitando em mim, fazendo de mim um templo do seu Espírito[6]. Por fim, na já mencionada contemplação sobre como alcançar o amor de Deus, Inácio nos convida a contemplar como Deus "trabalha e age por minha causa em todas as coisas criadas,"[7] Deus é e se relaciona comigo *trabalhando* por mim.

Uma primeira leitura da frase "o amor tem que estar mais nas obras que nas palavras" pode nos levar a estabelecer certa

---
3. EE [230-237].
4. EE [230].
5. 1Jo 3,18.
6. EE [235].
7. EE [236].

oposição entre "as obras" e "as palavras" dando primazia às primeiras sobre as segundas, porque, como diz o santo de Loyola, as primeiras, as obras, devem ser a principal expressão do amor, superando as palavras. São frequentes as alusões que encontramos no Evangelho ao valor das obras: a parábola do bom samaritano com a sua frase final: "Vai, e também tu, fazes o mesmo;"[8] a parábola do juízo final que descreve são Mateus: "Cada vez que o fizestes a um desses meus irmãos mais pequeninos, a mim o fizeste,"[9] ou as referências aos bons frutos como boas obras[10]. A vida cristã está intimamente ligada em conduzir à prática do amor, ao exercício da caridade; é uma vida que em grande parte se lança em *fazer* o bem. Na tradição da Igreja, esta práxis de amor ficava formulada, em grande medida, nas chamadas "*obras de misericórdia*". Em nossos dias, a organização Caritas caracteriza-se por fazer o bem aos necessitados e nem tanto por pronunciar belos discursos ou brilhantes homilias sobre o amor de Deus: a obra está contida na palavra.

Como entender, então, o valor e a função das palavras? Para que as queremos? Os jesuítas aparecem na história da Igreja em 1540 como uma ordem religiosa de "vida ativa", dedicados às obras, que eles denominavam de "ministérios". Eles tinham claro que não eram uma ordem de vida "contemplativa", dedicada principalmente à oração, à oração comunitária ou à liturgia. Eles não eram monges. Os jesuítas se autocompreendiam em ação, trabalhando, e o manifestavam em frases como "contemplativos em ação" ou "em tudo amar e servir": o serviço repercutido nas obras aparecia como a expressão visível e mensurável do amor. Experimentamos que Deus nos tem amado trabalhando em todas as

---

8. Lc 10,37.
9. Mt 25,40.
10. Mt 7,20.

coisas; por isso tentamos amar todas as coisas servindo em todas as circunstâncias: amamos porque fazemos... e, não menos é verdade, fazemos porque amamos.

Agora então, tendo que especificar na chamada Fórmula do Instituto as tarefas a que iriam se dedicar, os jesuítas explicitaram não poucos dos "ministérios da palavra", dissolvendo assim essa oposição entre "fazer" e "dizer", entre "agir" e "falar". Esses primeiros jesuítas entenderam que seu "fazer" consistia, em grande medida, em "falar". Seu jeito de agir na história e compreender uns aos outros como pessoas em ação consistiria, em grande medida, fazer uso eficaz e apostólico da palavra. Pelas palavras eles construíram a história, geravam dignidade, edificavam a Igreja, ajudavam as almas; e tudo... com as palavras[11].

Assim, o "dizer" se aproxima muito do "fazer", e grande parte do fazer consistia e consiste em dizer. *Como fazer as coisas com as palavras*[12] é o título de um livro clássico sobre filosofia da linguagem. O filósofo de Lancaster, John Langshaw Austin, ensinou na Universidade de Harvard em 1955 um ciclo de doze conferências onde abordou o tema dos "atos de fala" (*speech acts*), ajudando-nos a perceber o valor fáctico de algumas expressões comuns; a propriedade que alguns termos têm de *criar* (conceber, produzir) algo quando são pronunciadas. Austin concentrava essa dimensão prática das palavras no que chamou de "atos linguísticos realizativos ou performativos". Por exemplo, a ação de prometer ou jurar só *se realiza* quando se pronuncia "Prometo" ou "Juro" e não admite outro tipo de expressões alternativas para que a ação seja efetivada. É necessário e obrigatório pronunciar essas palavras na primeira pessoa do singular ou plural para que exista a ação de

---

11. A relação dos jesuítas com a palavra é objeto do capítulo 7.
12. John L. AUSTIN, *How to do things with words*, Oxford University Press, Oxford, 1990 (trad. espanhola: *Cómo hacer cosas con las palabras,* Paidós, Barcelona, 1990).

prometer ou jurar; não podemos prometer no lugar de outra pessoa e não podemos prometer se não dissermos "prometo". Para que a promessa seja efetiva e cumprida, ela precisa da palavra.

Ao ler o relato da criação no livro de Gênesis, constatamos que Deus confere à linguagem essa dimensão de execução ou realização. Deus faz e cria pela linguagem, pela palavra pronunciada: "E Deus disse: 'Haja luz, e houve luz'"[13] "E Deus disse: 'Haja um firmamento no meio das águas...' E assim se fez."[14] Entre o pronunciar e o concretizar não se media um tempo para que a luz ou o firmamento se configurem, mas que foram feitas através das palavras pronunciadas, entendendo tudo isso, claro está, à luz do que os relatos da criação do século VI a.c. significavam. No entanto, o que o autor do livro do Gênesis queria deixar bem claro era o poder vivificante da Voz de Yahweh; o cosmos responde à sua Vontade, que se manifesta em sua Voz. Pela voz vem a vida, e a vida ordenada que também responde à "voz de sua Saudação".

Em Jesus se transparece também essa faculdade de fazer as coisas através das palavras. Jesus pronuncia e ao pronunciar se produz a ação pronunciada: "Se queres, tens o poder de purificar-me", implorou o leproso; Jesus respondeu: "Eu quero, sê purificado"[15] e instantaneamente a lepra foi removida. Mas fica claro que essa relação entre palavra e ação que nos é apresentada pelo Gênesis ou pelo Evangelho de são Marcos não pertence à ordem do naturalmente humano; por isso, quando se constata na vida de Jesus esta relação vivificante entre palavra e ação, se reconhece os feitos como um milagre, uma vez que a ação resultante, neste caso a cura de um homem com lepra, não pode ser explicada com naturalidade através da causa que a provocou, as palavras de Jesus.

---
13. Gn 1,3.
14. Gn 1,4.
15. Mc 1,41.

Os atos humanos estritamente realizativos que pertencem à ordem do natural são aqueles que Austin nos apresentou em suas conferências: a ação que, sem ter consequências quantificáveis no mundo físico, acontece no domínio do intencional, do desejado ou do metafísico. Pronunciar "Prometo" diante do texto da Constituição de um país, diante do chefe de Estado e em uma cerimônia que outorga um contexto válido a essa palavra que se pronuncia não muda nada imediatamente quantificável no âmbito físico da realidade, porque as coisas, tais como são, permanecem as mesmas; mas produz uma mudança tanto na pessoa que promete como na esfera social ou política em que tal promessa é feita. Assim, pessoa, comunidade e realidade ficam vinculadas de uma nova maneira pela promessa que foi feita e, nesse sentido, o "Prometo" impacta em uma parte do mundo, afetada pela promessa que a mudou: a pessoa que promete algo está comprometida com a história para fazer algumas coisas implícitas em sua promessa e não tornar as outras contrárias ao que foi prometido.

Algo semelhante ocorre com a ação de perdoar, que pede e exige a presença das palavras "te perdoo" para que a ação se cumpra. As coisas, enquanto tais, não mudam depois de haver perdoado, mas pode mudar, por exemplo, o mundo afetivo interior de uma ou mais pessoas; pode ocorrer também uma nova maneira de entender um relacionamento ou de compreender a si mesmo depois de ter recebido ou dado o perdão, e estes novos entendimentos podem contribuir para mudar partes da realidade que estavam em desacordo. Muitas coisas podem ser bem diferentes depois de ser perdoado. Não podemos duvidar: há palavras que provocam mudanças no mundo, que transformam nossa história.

Esses atos de execução de linguagem nos mostram que a fronteira entre dizer e agir não é tão claro como às vezes acreditamos. Pensemos nos seguintes exemplos retirados da vida cotidiana: uma pessoa realiza, dá uma conferência: ela fez alguma coisa ou disse alguma coisa? Porque uma conferência, ao final, são palavras. Uma professora dá uma aula magna: ela trabalhou alguma coisa ou ela disse alguma coisa? Uma aula magna precisa de palavras, e quase exclusivamente palavras, para fazer acontecer. Um psicólogo recebe seu cliente e depois de uma sessão de noventa minutos eles se despedem: o psicólogo fez algo ou disse algo? Uma sessão de terapia psicológica consiste principalmente em escutar palavras e pronunciar palavras. Um político faz um comício em uma praça central da cidade, parlamentares discutem orçamentos de um país no Parlamento ou um jornalista anima uma mesa redonda em um programa de televisão em torno de um candente tema da atualidade... Em todas essas atividades as coisas estão sendo feitas sem dúvida, mas esse fazer consiste em falar, dialogar, discutir... palavras e mais palavras, e não raramente... apenas palavras.

Agora podemos voltar à famosa frase de Santo Inácio "O amor deve se colocar mais em ações do que palavras." Parece que Inácio diferencia claramente esses dois conceitos e, portanto, as realidades para as quais apontam, mas não nos explica o que entende por palavras e o que entende por obras. "É evidente – podemos pensar –, todos sabem o que são as palavras e o que são as obras". Agora, se voltarmos à *Fórmula do Instituto*, aquele breve primeiro documento (1540) que recolhe a identidade dos jesuítas, expondo *os meios* pelos quais a Companhia de Jesus deseja cumprir (fazer) os objetivos para os quais foi fundada, nos deparamos principalmente com atividades linguísticas, como a oratória: "pregações públicas, aulas e todos os outros ministérios da palavra de Deus, de exercícios espirituais, e da educação de crianças e não instruídos no Cristianismo, e da consolação espiritual dos fiéis cristãos, ouvindo suas confissões"[16]: palavras.

---

16. *Fórmula del Instituto*, in *Escritos esenciales de los primeros jesuitas*, Mensagero/Sal Terrae/U. P. Comillas, Bilbao/Santander/Madrid, 2017, 60s.

Como entender, então, a frase de Santo Inácio "O amor deve ser posto mais em obras do que em palavras" de maneira que possamos interpretar tantas coisas que *fazemos com as palavras* como ações de amor? Inácio estava se referindo às palavras que falam e que se pronunciam sobre o amor e se referem ao amor. Nesse sentido, mas apenas nesse sentido, é melhor colocar amor em atos e obras que expressem "te amo" do que pronunciar "te amo" ou explaná-lo em preciosos tratados sobre o que isso significa sem oferecer algum trabalho que demonstre isso. O amor se explica melhor em obras do que pronunciando-se, e nisso consistiu e consiste a encarnação de Deus.

Tanto aqueles primeiros jesuítas como estes últimos que no século XXI podemos conhecer estavam e seguem convencidos de que *com palavras* se pode *fazer* muitas coisas, muitas coisas boas. Com boas palavras e bem pronunciadas, se pode despertar e transmitir muito amor. Nada mais do que com palavras, mas não menos... do que com palavras.

5.3. As conversas internas do Espírito

Quem faz os Exercícios vai avançando com e através das palavras organizadas internamente de acordo com todo um sistema de preâmbulos, pontos, petições, colóquios, conversações... que vão abrindo caminho até chegar ao objetivo final: ser alcançado pelo amor de Deus[17]. Através da criatividade, com "os olhos da imaginação", como ele a chama, Inácio encoraja o exercitante a entrar no cenário onde acontecem os mistérios da vida de Jesus e, uma vez naquela cena, "como se me achasse presente"[18]. Quem

---
17. EE [232-237].
18. EE [114].

faz os Exercícios é convidado a participar da conversa: "ouvir o que [as personagens] falam" e "escutar o que eles dizem" são expressões recorrentes nos Exercícios[19]. Nesse sentido, Inácio não impõe limites à imaginação.

a. *As palavras na contemplação*

Inácio convida a imaginar, nada menos, que as pessoas da Santíssima Trindade que falam entre si, "o que dizem as Pessoas Divinas"[20], o que compartilham e deliberam antes de tomar a decisão "Vamos fazer a redenção". Também convida a entrar no diálogo entre o anjo e Maria no momento da Anunciação para "ouvir depois o que falam o anjo e Nossa Senhora."[21] Na contemplação do nascimento de Jesus Inácio insiste: "Olhar, observar e contemplar o que falam", e na aplicação dos sentidos que ele propõe "antes da hora do jantar" lembra: "Aplicar o ouvido ao que falam ou podem falar."[22]

Nos exercícios do Rei Eterno e das Duas Bandeiras a palavra tem também um papel muito importante. A primeira é construída a partir do diálogo entre o rei e seus súditos: "Olhar como esse rei fala", e, em seguida "considerar o que devem responder os bons súditos."[23] Da mesma forma, a atenção volta-se então para o diálogo entre Jesus e os seus seguidores: Jesus "chamando a todos e a cada um em particular, dizendo...", e aqueles que mais querem afeiçoar-se e distinguir-se farão "oferendas de maior valor e maior importância dizendo..."[24]

---

19. EE [107.115.123.194].
20. EE [107].
21. Ibid.
22. EE [115 e 123] respectivamente.
23. EE [93 e 94].
24. EE [95.97] respectivamente.

Por sua parte, o exercício das Duas Bandeiras centra-se principalmente no terceiro ponto[25] de cada um dos dois protagonistas, Lúcifer e Cristo nosso Senhor: "considerar o discurso que lhes dirige,"[26] ouça-o, pondere-o com atenção, avaliar seus pontos, analisá-los... Terminado o processo dos Exercícios, Inácio apresenta, a título de apêndice, cinquenta e um mistérios da vida de Cristo para que aquele que dá os Exercícios possa escolher segundo considere mais conveniente. Em quase todos eles aparecem referências a diálogos ou conversas entre seus protagonistas que o exercitante deve escutar com atenção, "percorrendo por onde oferecer" para então obter o ensinamento para sua vida ("refletir para tirar proveito"). A partir dos mistérios da infância e da vida oculta, passando pela da vida pública de Jesus, sua paixão, morte e ressurreição, em todos eles a palavra se encontra presente como mediação da experiência: a visitação de Maria à sua prima Isabel, a adoração dos pastores, a apresentação de Jesus no templo são apenas alguns exemplos[27].

b. *Petições*

Cada semana ou etapa dos Exercícios tem seu próprio objetivo, o qual Inácio define em cada uma das petições articuladas por meio de palavras. Se não há palavra não há pedido de graça, e é a petição que foca a intenção e orienta o desejo mais relevante nesse momento particular da experiência. Inácio propõe pedir "conhecimento interno de meus pecados", ou "conhecimento interno de Jesus". Na terceira semana, a petição se concentra em

---
25. Terceiro ponto refere-se a ordem do tema no EE [142] e EE [146]. [N. das T.]
26. EE [142.146] respectivamente.
27. EE [261-312].

compadecer-se com Jesus em sua paixão: "dor com Cristo doloroso... por tanta pena que Cristo passou por mim", enquanto na quarta semana pede "a graça para me alegrar e gozar por tanta glória e gozo de Cristo nosso Senhor"[28] pela ressurreição de Jesus. As petições são fórmulas, palavras que articulam um desejo, um afeto, uma intenção.

O itinerário dos Exercícios é um caminho para o qual estas palavras nos desvelam e que é preciso formular internamente ou vocalmente para ir avançando sempre. Quando o sentimento interno confirma que se está vivendo o que foi pedido como graça, então estamos preparados para avançar para a próxima etapa. A palavra da petição é como a luz do farol que mesmo à distância nos guia. No caminho inaciano é muito importante saber "Para onde vou e a quê?" Outra coisa é que a estrada esteja mais ou menos iluminada ou seja, mais ou menos difícil..., mas há um caminho. Poucas coisas se opõem tanto aos Exercícios de Inácio como uma oração desorientada, sem rumo e medíocre.

c. *Colóquios*

Se a petição é a palavra que abre cada exercício, o colóquio final, ao qual Inácio nunca abre mão, é a palavra que o encerra. Inácio coloca o exercitante em uma extrema proximidade com as pessoas espirituais do mistério e tem a profunda convicção de que a pessoa que faz os Exercícios está em verdade diante de Deus e diante das personagens centrais de nossa fé: "Por fim, fazer-se-á um colóquio pensando o que devo dizer às três Pessoas divinas, ou ao Verbo eterno encarnado, ou à Mãe e Nossa Senhora."[29] Essa extrema proximidade, longe de se expressar com fórmulas

---

28. EE [63.104.203.221] respectivamente.
29. EE [109].

de solenidade barroca que poderiam provocar um distanciamento entre os interlocutores, se vive amistosamente em um diálogo sincero e próximo com Maria ou com Jesus, o Senhor, "como um amigo fala com outro amigo". A proposta de Inácio está cheia de fé e ternura: "O colóquio se faz propriamente, falando como um amigo fala a outro, ou como um servo a seu senhor, ora implorando um favor, ora acusando-se de uma ação má, ora fazendo-lhe confidências e pedindo conselho a esse respeito. Rezar um Pai Nosso".[30]

O colóquio evita assim que o exercitante encerre a sua hora de meditação ou de oração com a impressão de ter refletido ou mesmo contemplado de forma distante e impessoal. O colóquio final introduz um tipo de oração baseada na conversação que reclama a presença de um "tu". Assim, todo o exercício fica enquadrado numa relação direta, de um "tu a tu", com Deus articulada pela palavra: no início, na petição; no meio, "ouvir o que dizem", e ao final o colóquio, tudo para favorecer com que o Criador se comunique o mais imediatamente possível com sua criatura[31].

d. *O segundo modo de orar*

Em um dos apêndices finais do livro dos Exercícios, Inácio oferece três maneiras de orar para ajudar o exercitante a conservar e aumentar a vida de oração que foi se desenvolvendo ao longo dos dias de retiro. O segundo modo é "contemplar o significado de cada palavra da oração".[32] Se trata de um modo de orar extremamente simples em sua forma, em que o exercitante tem apenas que permanecer na consideração de cada palavra de uma

---

30. EE [54].
31. EE [5].
32. EE [249].

oração "tanto tempo quanto nela encontrar significações, comparações, gostos e consolações."[33] Inácio está convencido do poder evocativo da palavra e da energia transformadora que permanece em seu interior. A única coisa que a palavra precisa é de tempo e atenção para desenvolver toda a vida espiritual que contém em si.

Por isso Inácio insiste que não é preciso ter pressa. A pessoa pode considerar uma palavra pelo tempo que for necessário enquanto "o sentir e o saborear" permaneçam em seu interior. Assim, uma oração como o Pai Nosso pode ser concluída em "um ou muitos dias."[34] Pela repetição atenta da palavra podemos sentir e saborear a presença de Deus no coração.

e. *Outras vozes*

Mas nem toda voz interior é minha própria voz ou a voz de Deus. Muitas outras palavras se pronunciam silenciosamente no fluxo incessante de pensamentos em nossa vida, e de maneira especial durante a experiência dos Exercícios. Na anotação [32], Inácio escreve: "Pressuponho haver em mim três pensamentos", isto é, três vozes, três fontes de palavras trabalhando em nosso interior. Uma é a voz de Deus, outra é minha própria voz ("de minha liberdade e querer") e outra é a voz que vem "do espírito mau,"[35] de tudo aquilo que tende a me afastar de Deus. As três vozes se servem de palavras para se fazerem ouvir internamente; são pensamentos que nos vêm de fora e que devem ser discernidos e identificados para guiar nossas vidas para um ou outro caminho.

---

33. EE [252].
34. EE [256].
35. EE [32].

O "inimigo da natureza humana" se serve precisamente do elemento mais humano que temos, a linguagem, e frequentemente recorre a brilhantes e belos discursos para desviar e enfraquecer nosso seguimento de Cristo. O inimigo se serve de uma linguagem muito sutil e obscura para construir sua própria proposta. São as "razões aparentes, sutilezas e frequentes ilusões"[36]. Em suma, são formas originais de desdobrar a tentação de por meio de uma linguagem aparentemente consistente e bem construída. *Razões aparentes* era uma expressão já familiar na época de Inácio: são "aquelas que de repente se movem, mas uma vez consideradas não têm consistência;"[37] *sutilezas*: "conceito excessivamente agudo, carente de verdade, profundidade ou precisão"; e a *falácia*, por sua vez, alude ao discurso com um desenvolvimento coerente, mas construído sobre premissas falsas... Ao fim e a cabo, tudo é uma questão de palavras, de configuração de uma linguagem e modos de expressão brilhantes, mas frágeis, como as construções que se levantam sobre a areia.

Os primeiros passos da conversão de Inácio em Loyola (1521) também mostram essa "batalha de palavras e pensamentos" que ocorreram em seu interior, sem que ele no início tivesse consciência de como tudo estava se desenvolvendo[38]. Inácio demorou a descobrir que o "mau espírito" sabe muito de retórica e de oratória e que buscará persistentemente através de um pensamento sutil provocar um desejo, uma decisão e uma ação (nesta ordem) depois de nos convencer de sua (aparente) bondade, tudo e sempre através de palavras. Nesta perspectiva, os *Exercícios* poderiam ser definidos como uma "escola de interpretação e tradução"

---

36. EE [329].
37. Sebastian de COVARRUBIAS, *Tesoro de la lengua castellana* (1611), Altafulla, Barcelona, 1987, s.v. "Apariencia".
38. Au [6-8].

dessas vozes internas que se sucedem e às vezes são simultâneas sem ordem lógica aparente em nosso interior.

Ao fazer os Exercícios, tornamo-nos sujeitos de conversações espirituais, um lugar onde as conversas acontecem e por onde discorrem os pensamentos[39]; os espíritos batalham dentro de nós através da retórica e discursos conflitantes nos quais, além de construções linguísticas, entram também as construções e processos proveniente das moções, isto é, com as consequências afetivas causadas por esses pensamentos, essas palavras. A representação simbólica mais clara do confronto entre esses discursos aparece na meditação das Duas Bandeiras, e especialmente nas duas anotações em que são expostos os discursos de ambos os "líderes": a do inimigo da natureza humana e a alocução de Cristo nosso Senhor[40]; em definitivo, duas estratégias retóricas enfrentadas com o fim de orientar a pessoa por dois caminhos opostos e contrários.

5.4. Acompanhar nos Exercícios: a experiência com a palavra

Além dessas conversas internas, Inácio integrou na experiência dos Exercícios a conversa com a pessoa que "dá os Exercícios". Inácio depositou muita confiança nessa relação verbal que vai sendo construída ao longo dos dias do retiro. Um curto período de cada dia será dedicado a uma conversa entre quem dá os Exercícios e quem os faz; não qualquer conversação e não de qualquer forma. Para este diálogo atingir seu objetivo, ajudar aqueles que fazem os Exercícios a buscar e encontrar a vontade de Deus em

---
39. EE [333].
40. EE [142.146] respectivamente.

sua vida, ele tem que seguir uma série de orientações que Inácio expõe de forma muito breve em várias anotações. Sem perder de vista que o primeiro protagonista dessa experiência é o Espírito Santo, que habita no coração de seus fiéis[41], não raramente o sucesso (ou fracasso) dos Exercícios depende da habilidade e lucidez de quem dá os Exercícios ao lidar com a palavra nessa conversa.

Para poder considerar "mais ou menos inacianos" alguns Exercícios Espirituais, temos que observar o que acontece nesta conversação e como se maneja a palavra entre "aquele que os dá" e "aquele que os recebe". Por sua própria experiência de dar e fazer os Exercícios, Inácio estava ciente da importância desta conversação, a ponto de os primeiros parágrafos de seu livro dos *Exercícios Espirituais* serem dedicados a oferecer orientações sobre sua forma e desenvolvimento.

A maior parte dessas diretrizes são coletadas no que o próprio Inácio chamou de "Anotações."[42] Após oferecer no primeiro parágrafo uma definição de "exercícios espirituais", o segundo parágrafo do livro já está dedicado a dar orientação sobre como dar os pontos para a meditação e a oração. Trata-se de "narrar fielmente a história da respectiva contemplação ou meditação, apresentando os pontos, com breve ou sumária declaração, somente"[43]: fidelidade, concisão e brevidade. Aquele que dá os Exercícios sabe que o que é verdadeiramente importante durante a experiência acontece na comunicação direta entre Deus e o exercitante. Para não condicionar essa primeira relação nem pretender influenciá-la, aquele que dá os Exercícios deve oferecer o apoio necessário suficiente, para que o exercitante possa por si mesmo entrar nessa relação imediata com seu "Criador e Senhor." Os

---
41. Rm 5,5.
42. EE [1-20].
43. EE [2].

Exercícios não são pensados nem devem ser orientados para aprender e conhecer muitas coisas novas, mas para sentir e saborear delas internamente[44]: essa é a novidade.

Outras vezes a palavra de quem dá os Exercícios busca ajudar o exercitante para que ele possa percorrer com prudência e lucidez as paisagens do seu mundo interior, habitado por consolações e desolações. Se quem faz Exercícios está "desolado e tentado", então quem os dá deve encorajá-lo e prepará-lo, gentil e suavemente, encorajando a esperança de melhores tempos futuros, tempos de consolação[45]; e, pelo contrário, se o exercitante está "consolado e com muito fervor", é tarefa da pessoa que os dá avisá-lo e aconselhá-lo a não tomar decisões imprudentes ou precipitadas para sua vida[46] que mais tarde possa se arrepender.

Mas, além de acompanhar os movimentos internos do exercitante, é muito importante que a pessoa que dá os Exercícios esteja atento às suas próprias inclinações e desejos para não influenciar o processo de quem faz os exercícios e ser extremamente respeitoso com o ritmo e a linguagem que Deus está usando com sua criatura[47]. Quem dá os Exercícios pode ter suas próprias ideias ou "pré-julgamentos" sobre o exercitante, mas ele deve estar consciente a respeito de tudo isso para que não interfira na busca do desejo e na vontade de Deus. Pode acontecer que nossas ideias, expectativas, imagens ou julgamentos sobre coisas, pessoas ou situações não correspondem às ideias, expectativas, imagens ou juízos que Deus tem sobre tudo isso.

Assim, estritamente falando e de acordo com a décima sétima anotação[48], sobre o que deveria ser essa conversa entre aquele

---

44. EE [2].
45. EE [7.320.321].
46. EE [14].
47. EE [15].
48. EE [17].

que dá os Exercícios e aquele que os faz? Inácio é muito refinado. A conversação não deverá ser sobre os pensamentos próprios de quem se exercita, muito menos, sobre os pecados do exercitante, mas sim, sobre os pensamentos que lhe vêm de fora, causados ou provocados pelos "vários espíritos."[49] Inácio estava convencido de que, no momento em que a pessoa entra na experiência dos Exercícios, os espíritos atuam causando algum tipo de pensamento ou desejo que podem, por sua vez, ser causa de consolações e desolações[50]; é sobre estes movimentos, sobre o que quem dá os Exercícios, há de "ser informado fielmente."[51]

A elegância e delicadeza de Inácio se refletem muito bem aqui: o exercitante mantém sua parcela de privacidade e tanto ele quanto aquele que dá os Exercícios sabe que a conversação nos Exercícios não é, em princípio, o lugar para compartilhar a vida, problemas ou projetos, mas principalmente a experiência de moções que durante a oração vêm "de fora."[52] O exercitante espera que aquele que dá os Exercícios o ajude a discernir e a ser capaz de orientá-lo em possíveis decisões que possam aparecer ao longo da experiência.

Inácio mostra sua fé incondicional nas palavras. Seu método está, em grande medida, pensado para oferecer canais verdadeiros e eficazes de comunicação através da qual a palavra pode fluir espontânea e livremente. Trata-se de entrar em uma conversa com Deus, convencido de que Deus ouve, compreende e acolhe a nossa oração feita palavra. Deus é o interlocutor mais confiável com quem podemos contar, a ponto de a conversa com Deus já estar experimentando a transformação em Cristo. Deus fala nossa língua, e sua palavra sobre nós tem ação transformadora.

---

49. EE [17].
50. EE [6].
51. EE [17].
52. EE [32].

Em resumo. Nos Exercícios, Inácio desenvolve toda uma gama de possíveis usos da palavra para tentar acertar com o que mais ajuda a pessoa em seu momento e circunstância:

- Uso *fiel* da palavra: "Narrar fielmente a história... apresentando os pontos com breve ou sumária declaração, somente."[53]
- Uso *lúcido* da palavra: "Muito o deve perguntar acerca dos Exercícios. Ele fala de consolação e desolação."[54]
- Uso *afetivo* da palavra ao recomendar a quem dá os Exercícios que se comporte "brando e suave" com quem os faz[55].
- Uso *instrutivo*, dosado e esclarecedor da palavra: falar sobre as regras da primeira e segunda semanas[56].
- Uso *prudente* da palavra: "Não saiba [o exercitante] nada na primeira semana do que tem que fazer na segunda semana."[57]
- Uso *exortativo* da palavra: "Deve advertir muito..."[58]
- Uso *informativo* da palavra: "Seja informado fielmente sobre as várias agitações e pensamentos que os vários espíritos lhe causam."[59]

---

53. EE [2].
54. EE [6].
55. EE [7].
56. EE [8.9.10].
57. EE [11].
58. EE [12].
59. EE [17].

As palavras e os jesuítas

6.1. Busquem, [falem] e encontrarão: as deliberações de 1539

Chegou um momento em que Inácio e seus jovens companheiros de Paris tiveram que sentar-se e pensar, conversar e decidir sobre como reorientar o rumo de suas vidas. As decisões importantes que forjaram ao longo dos meses de abril a junho de 1539 foram fruto de longas conversações. Não era a primeira vez que se reuniam para deliberar e conversar juntos para fazer avançar a vida do grupo. Eles já haviam se reunido em Paris para pensar na cerimônia de Montmartre (15 de agosto de 1534) e consensuar a fórmula dos votos ali pronunciados; ou em Veneza e Vicenza (1536) enquanto esperavam o navio, que nunca chegou, para viajarem a Jerusalém. Mas, embora possamos imaginar e concluir com bastante certeza sobre o que falaram, dessas primeiras reuniões de Paris e Veneza não temos nenhum documento que nos mostre *como* conversaram.

Mantemos breves informações, por meio de atas, dessas reuniões em Roma na primavera de 1539[1]. São quatro ou cinco

---
1. "Deliberaciones de 1539", in *Escritos esenciales*..., cit., 44-51.

páginas que coletam os principais problemas que eles abordaram e como lidaram com eles. As perguntas que procuravam responder em suas reuniões comprometeriam a todos para o resto de suas vidas. Se ir a Jerusalém não é possível, ainda seguimos juntos ou já é hora de nos separarmos? Depois de pensar, orar e conversar sobre o tema, concluíram claramente que o que Deus queria deles era que permanecessem juntos, mesmo que ainda não soubessem que formato tomaria aquela união. Uma vez que estavam de acordo com esta primeira resposta, veio então esta outra questão derivada da primeira: então, "se ficamos juntos, é conveniente que escolhamos um de nós como responsável pelo grupo e nos comprometemos com ele (e com o grupo) sob obediência?". Responder a esta pergunta foi-lhes um pouco mais difícil e tiveram que investir um pouco mais de tempo para encontrar a resposta adequada.

Para isso, desenvolveram um método para compartilhar a palavra, inspirado no que se chama o terceiro tempo de eleição dos Exercícios Espirituais[2]. Inácio expõe ali uma maneira simples de analisar uma situação antes de tomar uma decisão. O método combinava momentos de oração pessoal em silêncio com conversas comunitárias ao final de cada dia. Os companheiros refletiram e conversaram de forma organizada seguindo as diretrizes propostas: primeiro, todos se esforçariam para dialogar sobre as razões contra a obediência a um deles, e então, ao contrário, sobre das razões a favor de obedecer a um deles. A consideração e ponderação posterior de uma e de outras razões levou-os claramente a decidir eleger um deles como responsável pelo grupo: nessa decisão está a origem da obediência inaciana e jesuítica. A tarefa mais importante deste gestor era "cuidar do grupo", dedicando-se, acima de tudo, a manter viva a comunicação entre os membros que já estavam começando a se espalhar por várias partes da Europa.

---

2. EE [181], 4° ponto.

Assim, uma das primeiras conclusões que emergiram dessas conversas foi nomear um encarregado da correspondência. O primeiro desses encarregados, ainda que por pouco tempo, foi Pedro Fabro. A cada semana escrevia para os companheiros dispersos, lembrando-os também de sua "obrigação" de escrever para o resto do grupo participando de sua situação. Nascia o que anos mais tarde se converteria no maior epistolário preservado de todo o humanismo europeu: a coleção de cartas e instruções de Inácio de Loyola (1541-1556) e dos primeiros jesuítas. Desde esses primeiros momentos de vida do grupo, a comunicação adquiriu enorme importância: pela carta se recebe o conhecimento e com ela se alenta o afeto, pois "o amor consiste em comunicação."[3]

6.2. Os jesuítas e seu compromisso com as palavras

No início do que é conhecido como a *Fórmula do Instituto* ou *Fórmula de vida* (*Formula vivendi*) se expressam as principais tarefas, chamadas de ministérios, às quais os jesuítas queriam se dedicar. A *Fórmula* é o documento que os primeiros jesuítas tiveram de apresentar ao Papa Paulo III para poderem ser reconhecidos e aprovados como um novo grupo religioso na Igreja. É como seu documento de identidade, no qual se encontra a resposta a estas perguntas elementares: E vocês, quem são? Em que consiste a sua originalidade? O que pretendem fazer em prol da Igreja? A que vão se dedicar? Depois de uma e outra dificuldade em que agora não podemos nos deter, o Papa Paulo III aprovou esta *Fórmula* em 27 de setembro de 1540 e, assim, a Companhia de Jesus passou a ser, de forma oficial, parte da vida da Igreja.

---
3. EE [231].

a. *Os ministérios da palavra*

Teresa de Lisieux escreveu no seu precioso memorial *História de uma alma*: "Encontrei o meu lugar na Igreja: eu serei amor e assim o serei toda."[4] Outros grupos religiosos, como os camilianos, de grande tradição hospitaleira, poderiam afirmar: "Nós na Igreja somos saúde"; as Missionárias da Caridade, fundada por santa Teresa de Calcutá, bem poderiam dizer: "Nós somos a consolação", e os escolápios de são José de Calasanz ou os salesianos de são João Bosco, por exemplo, poderiam afirmar com sadio orgulho "Nós somos a educação"... e assim por diante, carismas e carismas.

Sabe-se que os jesuítas não nasceram com uma tarefa ou missão específica e definida. Sua identidade não estava diretamente associada a um tipo de trabalho, mas que esta *Fórmula* oferecia um amplo espectro de tarefas e ministérios a que os jesuítas pudessem se dedicar. Assim, será possível identificar o seu carisma com alguma função que os defina, como temos visto que pode acontecer com os escolápios, os camilianos, os salesianos ou as Missionárias da Caridade? Creio que sim, que é possível identificá-los; não tanto com tal ou qual tarefa como com a *ferramenta* comum empregada em todas as tarefas que desempenham. Não estaríamos muito errados se afirmássemos que, na Igreja, a Companhia de Jesus pode ser a "palavra" e os jesuítas são ministros, servidores da palavra; através da palavra eles realizam seus ministérios:

> ...esta Companhia fundada principalmente para ser empregada na defesa e propagação da fé e em benefício das almas na vida e na doutrina cristã, especialmente

---

4. *Historia de uma alma*, cap. 9.

por meio de pregações públicas, ensinamentos e qualquer outro ministério da palavra de Deus[5].

A Companhia de Jesus seguia e confirmava assim a pequena tradição iniciada por Inácio durante sua convalescença em Loyola, quando começou a conversar com familiares e amigos sobre sua própria experiência e a observar que essas conversas causavam "muito proveito nas suas almas."[6]

Os jesuítas logo se tornaram homens dedicados à palavra: ensinamentos, homilias, conferências, aulas, sermões, Exercícios, confissões, direção ou acompanhamento espiritual, conversações... Praticamente toda sua atividade apostólica se construía a partir da palavra e tinha a palavra como principal meio de evangelizar, de ajudar às almas. A história nos diz que aqueles letrados do século XVI não o deveriam de fazer mal, pois em não poucas das frentes em que se situavam imediatamente se destacavam pela bondade e eficácia de sua palavra.

Inácio recomendava, com frequência, cuidar e atender as conversações "das quais não poderíamos nos eximir", conscientes de que com uma boa conversação se pode ganhar muito, e perder tudo com uma má[7]. Eles pregavam bem; fizeram-se conhecidos por seu estilo de confessar e logo também se converteram em confessores e conselheiros de reis e pessoas influentes na sociedade e na política. Eles ensinavam bem, e depois de anos de experiência e ensaios, publicaram o método pedagógico mais influente na Europa moderna, conhecida como *Ratio studiorum*, aprovada definitivamente em 1599 pelo quinto general da ordem, o Pe. Cláudio Aquaviva. Ao final do século XVI, a Companhia de Jesus

---
5. *Fórmula del Instituto* [1].
6. Au [11].
7. Instrução para a jornada a Trento (Roma, início de 1546), in *Obras*, 706.

era a instituição de ensino mais influente da Europa e através da sua vasta rede de escolas se fazia presente nas diversas áreas da cultura da época: humanidades, arte, ciência, teologia...

b. *A escrita como um ministério*

A partir da brilhante invenção de Gutenberg, os jesuítas se posicionaram muito rapidamente e com enorme influência no campo da palavra impressa, com a publicação de livros[8]. Os teólogos da Companhia de Jesus que intervieram no Concílio de Trento se destacaram pela clareza, organização e profundidade de suas intervenções teológicas, bem como por sua oratória persuasiva ao expô-las na sala de aula conciliar. A primeira obra publicada por um jesuíta foi o sermão do Pe. Alfonso Salmerón aos padres do Concílio, que veio à luz em 1546.

Os jesuítas escreveram muito... e sobre quase tudo! Eles se serviram das possibilidades da imprensa para evangelizar em praticamente todos os campos do conhecimento humano. Não havia disciplina de conhecimento, por mais raro que nos possa parecer, em que o nome de algum "curioso" jesuíta não tenha aparecido: filosofia, literatura, teologia, sociologia ou política, retórica, cartografia, cosmologia, física, matemática... Os dezesseis grandes volumes da impressionante obra do Pe. Charles Sommervogel *Bibliothèque de la Compagnie de Jésus* são indicativos de quão longe os jesuítas se comprometeram com a palavra escrita[9].

Inácio de Loyola tinha um interesse especial pelo fato de que o Colégio Romano, fundado em 1551, logo tivesse sua própria

---

8. John W. O'MALLEY, Ministérios da palavra de Deus, in *Os primeiros jesuítas*. São Leopoldo/Bauru, UNISINOS/EDUSC, 2004, cap. 3, 145-209.
9. Charles SOMMERVOGEL, *Bibliothèque de la Compagnie de Jésus*, Bruxelles/Paris, 1890-1900.

gráfica, que conseguiu ser instalada poucos meses após a morte de Inácio (31 de julho de 1556). Com o fim de produzir textos universitários e científicos, em 1564 esta editora adquiriu caracteres árabes e em 1577 os hebraicos. Inácio promoveu muito a evangelização pela palavra escrita. Incentivou, entre outros, Jerónimo Nadal e Pedro Canísio para combater as ideias protestantes pela Alemanha, quer fosse por meio de obras mais sistemáticas, como o grande *Catecismo*, quer fosse por meio de panfletos de fácil e rápida difusão. Ele também encorajou Polanco a escrever seu *Diretório de Confessores*, de grande ajuda aos jovens sacerdotes que começavam a ser iniciados neste delicado sacramento da confissão; em poucos anos tinha sido traduzido para as principais línguas europeias. Poucos meses depois de ter instalado esta tipografia em Roma, se inaugurava outra em Goa em cujas prensas a *Doutrina Cristã* de Francisco Xavier veio à luz.

Os jesuítas podiam ser considerados apóstolos e amigos das palavras, *filólogos*. Os companheiros de Inácio se sentiam muito à vontade com as palavras; se preparavam conscientemente para saber usá-las bem e por isso investiam não pouco tempo de sua longa formação nos estudos da gramática, oratória, retórica, latim, grego... Afinal, era imprescindível saber se desenvolver bem com as palavras, pois a longa jornada de trabalho consistiria, em grande medida, em combinar corretamente e "*para maior glória de Deus*"... palavras: aulas, seminários, cursos, conversações, conferências, homilias...

6.3. Palavras na vida interna da Companhia de Jesus

Vimos como aquele grupo de primeiros companheiros, pouco antes de se dispersarem, se comprometeram com a comunicação. Embora dispersos por diversas partes da Europa e da Índia, desejavam permanecer unidos e para isso era vital manter viva a comunicação. Aqueles primeiros dez jovens estudantes universitários, professores em Paris, não podiam suspeitar que sua iniciativa teria uma boa recepção na Igreja. Eles foram testemunhas de como durante a primeiros anos de vida da instituição o número de membros da Ordem não parava de crescer. Dezesseis anos depois, eles haviam se multiplicado... por cem!

Quando se pensa em instituições, geralmente se pensa em construções arquitetônicas, em sólidos e grandes edifícios dentro do qual se desenvolve algum tipo de atividade organizada: um colégio, uma universidade, um banco, algumas grandes áreas... Embora a aparência física e visível seja mostrada como a mais evidente de uma instituição, é claro que a vida que se desenvolve no interior dessas grandes construções está incentivada e conduzida pelas decisões que são tomadas nas mesas do governo, mesas de discussão, de debate, de deliberação..., de conversação.

A Companhia de Jesus foi se expandindo com rapidez por toda a Europa do século XVI. Quando Inácio de Loyola morreu, os jesuítas lideravam cinquenta colégios, mas apenas quinze anos depois, quando morreu o terceiro Padre Geral da Ordem, Francisco de Borja (1572), as instituições de ensino já eram 163. De seu frágil quartel-general em Roma, os jesuítas tiveram que promover um sistema de comunicação ágil e eficaz que, na medida das possibilidades daquela época, permitiria dispor da maior quantidade de informações no menor tempo possível para, por um lado, tomar as decisões institucionais mais acertadas e, por outro, manter vivos os afetos e as relações entre os jesuítas.

A Companhia de Jesus sempre se manteve como uma instituição viva e dinâmica graças à comunicação interna que por si mesma transcorria. O "corpo", nome dado à instituição, era conhecido e reconhecido pelas palavras. A palavra conecta, vincula, une o "corpo". E, ao contrário, o corpo se enfraquece pela inflação de palavras aparentes, frágeis, vãs ou falaciosas ou pelo avanço de bolsões de silêncio que pouco a pouco vão debilitando as diferentes partes do corpo. Inácio de Loyola reafirmou que não queria uma instituição de caráter capitular que demandasse numerosas reuniões ou congregações oficiais de seus membros. Os jesuítas passariam o dia realizando seus ministérios, com ampla liberdade de movimentos e disponibilidades para ir aonde fosse mais conveniente. Ou se buscavam meios para manter os ânimos e os corações unidos, ou a dispersão física acabaria por desagregar os laços entre os membros do grupo. Era preciso canalizar e organizar bem as palavras.

6.4. Os canais das palavras

Desde o início, a Companhia de Jesus gerou canais para a palavra, para a conversação; todo um sistema de entrevistas, diálogos e encontros entre os jesuítas: o exame de consciência, as consultas e conselhos, os relatórios, os "admonitores[10] e colaterais[11]" as assembleias e congregações quando estritamente necessário. Inácio de Loyola e seus primeiros companheiros estavam pensando

---

10. Admonitor, pessoa responsável de aconselhar o provincial ou superior sobre o que parece que ele deve buscar ou corrigir em seu governo ou pessoa (*Diccionario Histórico de la Compañia de Jesús* [DHCJ II, 1758]. Cargo de confiança e proximidade que tinha a função de dizer ao superior o que ele deveria corrigir, oferecer sugestões, lembrá-lo de assuntos importantes de seu governo ou de sua saúde. [N. das T.]
11. Colateral: é uma criação original de Santo Inácio. É um companheiro, amigo e confidente dado ao superior provincial ou local, bem como seu habitual conselheiro, informante e até admoestador. Ao mesmo tempo é o intermediário entre o superior e os súditos. Estava isento da autoridade do superior, nem tinha autoridade sobre ele ou sobre seus súditos. DHCJ II, 1761. [N. das T.]

e projetando uma instituição na qual a palavra tivera um protagonismo enorme não só como ferramenta apostólica (ministérios), mas também como elemento de coesão, organização e conservação da instituição, a Companhia de Jesus. Eles pensaram em áreas em que a palavra tinha necessariamente de ser partilhada (conselhos, consultas, comissões) e em áreas em que a palavra ficava protegida pelo imperativo da confidencialidade.

Inspirando-se, talvez, na relação que se vai construindo entre aqueles que dão os Exercícios e aqueles que os faz, animava os jovens jesuítas a abrirem suas consciências aos seus superiores, e estes ao seu provincial. Na Companhia de Jesus se cunhou o termo *exame de consciência*, um domínio para a conversação espiritual e vocacional entre o provincial/superior e o súdito, um ambiente privado e confidencial no qual o superior pudesse ajudar o súdito no que ele precisasse e este por sua vez poderia ajudar o superior na organização e governança da instituição[12].

Inácio estava ciente de que, dada a intensa dispersão dos membros do corpo da Companhia, a instituição necessitava de uma sólida estrutura de governo, onde a simplicidade de uma organização fundamentada na obediência supriria a complexa estrutura capitular de outros grupos religiosos. Com a finalidade de equilibrar essa forte ênfase na ordem hierárquica da instituição, os jesuítas projetaram instâncias assistenciais para o governante ou para o diretor correspondente (reitor, superior) nos processos de tomada de decisões. Assim, ainda que este gestor sempre assumisse a responsabilidade final pela decisão tomada, esta poderia ser esclarecida, contrastada ou apoiada pela opinião de outras pessoas.

Ao Padre Geral foi creditada uma equipe de "assistentes" e aos provinciais uma equipe de "consultores". Aos reitores e superiores

---

12. Co [91-92].

de comunidades locais foram designados, além da "consulta da casa", um admonitor ou colateral[13], cuja função primordial era cuidar da pessoa do reitor ou superior; e teriam, além disso, a obrigação de contrastá-lo, incentivá-lo, alertá-lo ou transmitir-lhe pelos canais mais adequados o que observavam ou sentiam por outros membros da comunidade[14]. Em definitivo, todo um sistema de canais de palavras, de informações, de conversações que, na medida do possível, favoreceria o fluxo de comunicação para uma boa governança e funcionamento da instituição. Mas também... tinham que se manter unidos a esses jesuítas dispersos.

6.5. Escrever cartas para fortalecer os afetos

Escrever cartas de estima ou de amizade para se comunicar com amigos ou conhecidos é um exercício em vias de extinção. Habitantes de um mundo hiper conectado, nos custa imaginar a importância e o valor que uma carta como uma "unidade de comunicação" poderia ter há quatrocentos anos. Hoje um WhatsApp entrega nossas palavras do outro lado do planeta em décimos de segundo. No século XVI, uma carta podia demorar um ano e meio para chegar a Goa a partir de Roma ou para adentrar na selva amazônica e ser entregue ao seu destinatário. Hoje podemos fazer um uso enormemente "gratuito" de palavras e gerar atmosferas e hábitos de super comunicação. As redes sociais, ao mesmo tempo que contribuem para nos manter informados e interconectados a este planeta, elas também correm o risco de gerar um consumo excessivo de linguagem e desvalorizar o ato de

---
13. Co [659-661].
14. Com todos os detalhes sobre todas essas posições governamentais: VV. AA., "Gobierno" in *Diccionario histórico de la Compañía de Jesús* 2, IHSI/U. P. Comillas, Roma/Madrid, 2001, 1745-1762.

comunicação como um dos mais humanos e dignificadores do ser humano.

Mas no século XVI a comunicação era outra coisa. Escrever uma carta não era um exercício comum e nem todos conseguiam fazê-lo; tinta, papel e penas não faziam parte do enxoval dos mortais comuns. Quando alguém se sentava para escrever, aproveitava bem o tempo para comunicar o que de verdade desejava comunicar, evitando tudo o que pudesse parecer desnecessário ou superficial. As cartas corriam o risco de se perder na viagem, ou de cair em mãos de bandidos ou salteadores como parte de algum saque ao longo do caminho ou afundando para sempre no barco postal pego em uma tempestade. Em que pesasse as dificuldades e contratempos, os jesuítas investiram muito, muito tempo escrevendo cartas, a ponto de gerar um dos sistemas de comunicação mais eficiente da Europa moderna[15]. A recomendação de escrever logo entrou nas Constituições: "Concorrerá também de maneira muito especialmente para essa união a correspondência epistolar entre súditos e Superiores, com o intercâmbio frequente de informações entre uns e outros, e o conhecimento das notícias e comunicações vindas das diversas partes".[16]

E tudo começou com o próprio Inácio, homem de palavra e de palavras, homem de relações e, portanto, de comunicação. Quem se aproxima da biografia de Inácio de Loyola pode ser surpreendido por vários pontos originais; um dos que chama a atenção é sua capacidade de manter relacionamentos ao longo do tempo. Por exemplo, ele conheceu Isabel Roser, uma senhora da alta burguesia de Barcelona, em 1521. Em 1545, vinte e quatro anos mais tarde, Isabel estava em Roma desejando fazer parte da

---

15. Cf. José GARCÍA DE CASTRO, *"Cartas"*, in *Diccionario de espiritualidad ignaciana* 1, Mensagero/Sal Terrae, Bilbao/Santander 2007, 294-306.
16. Co [673].

Companhia de Jesus; vinte e quatro anos (!) durante os quais Inácio manteve uma estreita relação à distância através das cartas. Esse é apenas um exemplo. A *Autobiografia* refere-se com certa frequência a esse carinho de Inácio por manter vivas as relações humanas através da correspondência epistolar[17].

Inácio queria que a Companhia de Jesus integrasse a comunicação fluida e sistemática em sua maneira habitual de proceder e viver, mas seu desejo tardou em ver-se realizado. A cúria central falhou em projetar um sistema, um modelo satisfatório para organizar a comunicação, até a chegada em Roma de Juan Alfonso de Polanco em março de 1547, quando a Companhia de Jesus já contava com sete anos de vida. Até então ainda não havia conseguido montar uma boa equipe de gestão e administração, que a jovem empresa começou a precisar com urgência. Entre suas múltiplas tarefas, Polanco entregou grande parte de sua vida para incentivar, manter e aumentar a comunicação; pensar e desenvolver um sistema epistolar que manteria a estima e a amizade vivas entre os jesuítas e que ao mesmo tempo oferecesse as informações necessárias para tomar as melhores decisões possíveis. Polanco insistiu no tempo e fora do tempo, mesmo repreendendo, se necessário, os jesuítas mais lentos ou preguiçosos para sentar-se com pena na mão e tinteiro na escrivaninha. Polanco foi secretário da Companhia de Jesus durante os governos de Inácio de Loyola (1547-1556), de Diego Laínez (1558-1565) e de Francisco de Borja (1565-1573), tempo suficiente para deixar bem consolidado um sistema de comunicação eficaz[18]. Na série de documentos jesuítas conhecidos como *Monumenta historica Societatis Iesu* temos mais de 160 volumes grossos que contêm a maior coleção

---
17. Au [45.46.79].
18. Sobre Polanco: José GARCÍA DE CASTRO, *Polanco (1517-1576): El humanismo de los jesuitas*, Mensagero/Sal Terrae/U. P. Comillas, Bilbao/Santander/Madrid, 2012.

de documentos, principalmente cartas, sobre a origem e o primeiro desenvolvimento de uma instituição do século XVI. Através das cartas se animava, se aconselhava, se ouvia, se consolava, se repreendia, se corrigia, se encorajava, se informava... A palavra escrita, apesar das enormes distâncias por terras ainda inexploradas, vencia o tempo e conseguia manter unidos os membros da instituição marcada pela necessária dispersão imposta pela missão recebida. Escrever, comunicar-se, o que viria a significar a mesma coisa, não era uma atividade realizada por prazer, inclinação ou hobby pessoal. Inácio e sua primeira equipe de governo considerou que era um exercício de importância capital na Companhia de Jesus e que, portanto, precisava ser regulamentado; não podia e não devia depender de hobbies pessoais ou estados de humores particulares.

Comunicar tornou-se uma obrigação para o bem de todos, até ao ponto de dedicar algumas das Constituições a "regular" modos, tempos e formas de escrita: "Os Superiores locais e os Reitores que residem na província, assim como os enviados a produzir (in agro Domini) fruto no campo do Senhor, devem escrever cada semana ao seu Superior Provincial, se tiverem possibilidade."[19]

6.6. Um espírito para a comunicação

Que intuição ou convicção podemos descobrir no fundo de todos esses circuitos de palavras? Além de promover a união e a coesão entre os jesuítas e além de poder organizar melhor a missão e a vida interna da Ordem, a comunicação frequente e fluida também oferecia outras vantagens. Na décima terceira regra de

---

19. Co [674].

discernimento[20] Inácio expõe uma das táticas preferidas do espírito maligno: a busca das trevas através de processos de silêncio falso e enganoso: "querer ser secreto e não descoberto". O antídoto contra essas dinâmicas que pouco a pouco podem ser geradas no interior da pessoa, mas também das instituições, é, precisamente, trazê-los à luz através da palavra: comunicá-las a alguém de sabedoria e experiência, "pessoa espiritual", como aparece nos Exercícios.

O que Inácio descobriu e desvelou ao nível da interioridade pessoal, também foi detectado no campo da estrutura institucional ou empresarial. A comunicação oral e escrita, a conversação e a carta, são os meios privilegiados para favorecer o fluxo da história e, portanto, a vida em verdade. O enorme esforço investido na comunicação resultou num desejo de transparência institucional.

A instituição necessita desses espaços e canais de transparência. Onde não há comunicação se favorecem os processos de sombra e ambiguidade: geram espaços de pergunta (1) que geralmente evoluem para sentimentos de desconfiança (2) que acabam atracando no porto da suspeita (3) e até do medo (4); em suma, espaços de neblina e sombra que devem ser confrontados de forma rápida e eficaz para não acabar em um mal-entendido ou conflito (5) de difícil solução. "Fala-me para que eu possa te conhecer" sentenciou Sêneca. Evita-se, evade-se ou resulta perigosa a comunicação quando se tem algo a esconder. Pela palavra bem manejada desaparecem a suspeita e a desconfiança. Pela palavra as coisas são esclarecidas, se iluminam as áreas de suspeita e de ambiguidade, fortalecendo assim o entusiasmo e a identidade da instituição. "Falando [mas falando bem] se compreende as pessoas".

---
20. EE [326].

Por que a Companhia de Jesus se desenvolveu tanto e tão rapidamente? Uma série de elementos veio a coincidir. Ordem e disciplina? Pode ser. Generosos benfeitores e abundância de doações em dinheiro para as fundações? Talvez. Longa e sólida formação dos seus membros? É possível. Corretas relações político-sociais e eclesiásticas? Definitivamente, sim. Com tudo isso e sem negar nada disso, uma das chaves para o sucesso da rápida expansão da Ordem, tanto numérica quanto geograficamente, repousa na rede de comunicação interna estabelecida entre pessoas e instituições da Companhia de Jesus. As cartas eram a vida.

Em suma..., quando observamos a estrutura interna de um complexo organizacional como a Companhia de Jesus, com o que nos deparamos? Nos deparamos com todo um sistema de gestão da palavra organizada por meio de um cuidadoso sistema de comunicação. Inácio estava convencido de que a saúde, a vida e a vitalidade da instituição e de seus membros dependiam, em grande medida, de como a palavra fluiria pelos canais explicitamente projetados para ela com um único objetivo no horizonte: a ajuda às almas.

terceira parte

A PALAVRA
EM EXERCÍCIO

7
As formas de conversação

"...quanto mais santas,
tanto mais afáveis nas conversas com as irmãs."
SANTA TERESA DE JESUS, *Caminho de Perfeição*[1]

Falar, escrever, comunicar... Não podemos viver, pelo menos viver bem, sem nos comunicarmos bem. Os avanços incomparáveis da era tecnológica nos proporcionam viver uma verdadeira revolução nas comunicações. Talvez por ainda estarmos envolvidos na poderosa energia deste "tempo de conexões" não mantemos a distância suficiente para avaliar com serenidade a enorme e gigantesca revolução na qual estamos envolvidos. A seu tempo, algumas gerações mais adiante, irão nos revelar.

Hoje em dia as possibilidades de comunicação são muito diversificadas, atrativas, eficazes e imediatas. Podemos nos comunicar pelo Twitter, Facebook, Instagram, WhatsApp, correio eletrônico, mensagens móveis, celular (com ou sem câmara), Skype, Zoom, ou, se desejar, através da tradicional carta escrita enviada pelo correio. A rapidez e instantaneidade das comunicações nos colocam de uma nova forma perante o tempo, perante as decisões e, em consequência, perante as ações. Programamos e trabalhamos

---
1. Santa TERESA DE JESUS, *Caminho de Perfeição* (V), 41.7.

a cada dia contando com esta velocidade das relações na qual estamos todos envolvidos. Não estar interconectado é ficar fora do sistema e, portanto, correr o risco de ser esquecido. No entanto, não sabemos muito bem como, mas esta revolução tecnológica também afeta a identidade e a personalidade.

Porém vamos à conversação. Podemos nos reunir para conversar de maneiras semelhantes na forma (duas ou mais pessoas se reúnem para conversar), porém, ao mesmo tempo, muito diferentes quanto ao seu significado, motivação, propósito e até quanto à sua condução e desenvolvimento. Neste capítulo recordaremos brevemente estas modalidades de conversação "espiritual" para compreendê-las a partir do que são e, sobretudo, para não as confundir na diferente função e valor que possuem na vida das pessoas.

7.1. A conversação espiritual

Vamos nos debruçar sobre isto no próximo capítulo. Podemos pensar em dois modelos de conversas espirituais, uma mais espontânea e outra mais orientada ou elaborada. A primeira se dá quando duas ou mais pessoas falam e compartilham suas vidas. Neste compartilhar, sua vida religiosa, seja qual for, adquire um protagonismo especial. Pode-se falar com liberdade, honestidade e em paz. Nesta conversação não há papeis, todos os participantes são iguais; tão pouco não há que se buscar conclusões nem atingir objetivos. Falar já é por si o caminho. A conversa espiritual pode iniciar sem aviso, e podemos nos ver envolvidos nela sem tê-la procurado ou pretendido.

Existe um outro modelo de conversa espiritual que se dinamiza quando uma comunidade ou um grupo de amigos se põem de acordo para guiar sua conversação segundo alguns passos determinados, num protocolo mínimo que orienta e organiza as intervenções e busca por um fim concreto. Falaremos sobre tudo isto no próximo capítulo, por agora nos basta o enunciado.

7.2. A confissão

A celebração do sacramento da reconciliação em um contexto um tanto extraordinário (retiro, Exercícios Espirituais, liturgia penitencial) pode favorecer uma conversa espiritual na qual se pode dedicar um tempo a algum tipo de consulta ou pergunta que requeira conduzir a conversa por caminhos além da própria confissão dos pecados. Às vezes será bom que surja esta conversa e, sem dúvida, terá efeitos positivos no penitente: compreensão e esclarecimento de algum ponto, necessário aprofundamento para o processo de reconciliação, tempo para um conselho ou orientação que o penitente possa solicitar. Contudo é importante deixar claro que a relação entre confessor e penitente é muito diferente daquela que possa surgir de uma "conversa espiritual" e diferente da própria relação de acompanhamento.

Contudo, é altamente recomendável que as duas relações que se dão em diferentes tipos de encontros não sejam confundidas e que as pessoas possam distinguir com clareza os dois contextos, o da conversa espiritual e o do sacramento da confissão ou reconciliação. Alguns mestres espirituais, entre eles Santo Inácio de Loyola, aconselhavam que os dois papéis (acompanhante e confessor) fossem bem separados em duas pessoas diferentes[2].

7.3. Conversa com um superior eclesiástico

Este tipo de conversa é outra maneira de entender e construir uma relação entre duas pessoas que pertencem a algum tipo de grupo ou associação religiosa na Igreja. Trata-se de outro ministério que os superiores eclesiais, sejam religiosos ou diocesanos,

---
2. EE [17].

exercem na comunidade. Com certa frequência, dependendo das pessoas ou das circunstâncias, os superiores conversam com os seus irmãos a fim de ajudá-los em sua situação pessoal e vocacional ou em seu ministério pastoral, ou também para fortalecer ou tornar mais eficaz a missão da Igreja numa dada diocese ou em tal província religiosa canônica. É a relação que se dá, por exemplo, entre o reitor de um seminário diocesano e o seminarista; entre o provincial de uma congregação religiosa e os religiosos de sua província, ou entre o bispo e os sacerdotes ou fiéis de sua diocese.

Se a conversa discorre com honestidade, em espírito fraterno e com o desejo de buscar o melhor para as pessoas, para uma diocese ou província religiosa e para o Reino de Deus em geral, o esperado é que esta conversa frutifique em consolação. Este tipo de conversação é um momento privilegiado para voltar ao cerne da identidade pessoal, experimentar o forte vínculo com a Igreja através do superior e sentir-se encorajado e confortado na missão recebida e na tarefa a ser realizada. Ao mesmo tempo, a conversa pode resultar de grande ajuda ao superior para que conheça um pouco melhor seus colaboradores mais próximos e, portanto, poder planejar a missão de forma mais precisa. Também é uma oportunidade de poder expressar com liberdade e com confiança opiniões, sentimentos, avaliações, reclamações, frustrações, cansaços... que durante a vida cotidiana não encontrariam lugar, contexto ou momento adequado.

Ainda que em certas ocasiões estas conversas com o superior possam incluir alguns elementos de acompanhamento, não é nem deve ser entendida como uma relação de "acompanhamento espiritual". O superior canônico, o superior geral e o bispo sabem que a relação com as pessoas a eles confiadas, embora em algum momento possam assumir alguns elementos de uma relação de acompanhamento espiritual, não é um acompanhamento espiritual. Entendê-la assim seria começar a confundir duas dimensões muito distintas da vida das pessoas e poderia provocar mal-entendidos ou conflitos internos, tanto pessoais como institucionais. Na Companhia de Jesus, esta conversação com o Superior Geral (Provincial) se conhece com o nome de *conta de consciência*[3] e a ela já nos referimos anteriormente.

7.4. A relação profissional de ajuda

É a relação que se estabelece entre um psicólogo/psicoterapeuta e seu paciente/cliente. Esta relação é mediada por condições conhecidas por ambas as partes; tem também seus objetivos, finalidades, procedimentos e seu próprio marco jurídico, dentro do qual se encaixa. Em certas ocasiões, antes do início desse relacionamento formal, entrevistas ou testes ou exames preliminares podem facilitar o diagnóstico do paciente e, assim, direcionar as futuras conversas em seus conteúdos, métodos e etapas. Existem diversas escolas e formas de entender o que pode consistir e como desenvolver esta relação: com perguntas/respostas, deixando a iniciativa ao paciente, através de símbolos, imagens ou fotografias, a partir de recordações ou associações de memória, a partir de conflitos ou problemas que se está vivendo...

Diferente das relações anteriores, esta relação que se dá entre psicoterapeuta e paciente não fica formalmente interpretada por um contexto religioso, ainda que o tema religioso seja importante na vida do paciente e a dinâmica do processo a requeira, podendo ter seu lugar e seu tempo nas entrevistas. Pelo contrário, o mais conveniente pode ser que tanto o profissional como o paciente deixem de lado suas crenças religiosas para abordar o tema da sessão desde uma perspectiva estritamente clínica segundo a

---
3. Co [93.95].

metodologia própria da escola psicológica a que pertence o psicoterapeuta.

7.5. A conversa espontânea

Porém a vida permanece aberta e nem sempre podemos programar tudo do modo desejado. Existem conversas que aparecem espontaneamente, e que vão além dos contextos institucionais das situações anteriormente comentadas. São conversas pontuais que não tomam parte em nenhum processo e pode ser que os interlocutores não se conheçam. É o caso, por exemplo, de um atendimento pastoral a alguém que contata de forma imprevista para solicitar um tempo de conversa, ou alguém que em um retiro, durante um dos Exercícios, se aproxima do orientador para perguntar ou esclarecer um tema que vem surgindo ou, simplesmente, desabafar sobre algum ponto, dúvida ou conflito interno e deseja saber a opinião sobre o assunto de outra pessoa qualificada.

Este tipo de conversa tem limites claros: em primeiro lugar, o mútuo desconhecimento entre as pessoas pode dificultar uma opinião, parecer ou conselho mais fundamentado. Em segundo lugar, a falta de continuidade na análise ou orientação do tema que se expõe. As duas pessoas sabem que muito provavelmente essa primeira conversa vai ser a última e, portanto, não terão oportunidade nem muito tempo para tentar ajudar da melhor maneira possível. Porém esses evidentes limites podem ao mesmo tempo servir como uma boa sustentação para esses encontros. O fato de não se conhecerem, de contarem com pouco tempo para a conversa e de saber que não haverá continuidade na comunicação pode dar ao encontro uma profundidade, liberdade e objetividade que não se daria em outro tipo de conversa.

Inácio de Loyola apontou algo disto nos *Exercícios Espirituais* ao expor o modo de orientar uma pessoa em um processo de tomada de decisão: "Imaginar um homem a quem nunca vi nem conheci, e a quem deseje toda a sua perfeição. Considerar o que lhe diria que fizesse e escolhesse..."[4].

Como vimos, são várias as formas que pode se adotar em uma conversação, bem como os canais através dos quais elas podem acontecer. É possível que uma única pessoa participe ao mesmo tempo de várias ou em todas elas simultaneamente. Uma pessoa pode acompanhar e ser acompanhada; pode dialogar com um membro de sua instituição, seja como superior ou como subordinado; essa mesma pessoa pode estar participando de alguma terapia psicológica, seja como paciente ou como psicoterapeuta, e pode também estar aberta a receber outras pessoas que de maneira esporádica solicitam opinião, avaliação ou conselho sobre algum ponto particular de suas vidas.

Ainda que algumas das formas brevemente expostas possam coincidir em algum ponto, é importante que as duas partes se situem adequadamente em cada uma delas e saibam o que podem oferecer (e até onde) e o que faz parte ou não de uma modalidade ou outra de conversação.

Nos capítulos que seguem nos aproximaremos da conversa espiritual (em seus dois modelos ou formas possíveis, acima enunciadas) e a conversa do acompanhamento espiritual.

---

4. EE [185].

8

A conversação espiritual

"...quando começavam a falar,
se envolviam na conversa de tal maneira,
que se esqueciam de Aristóteles e de sua lógica
e filosofia, porque estavam ocupados
em outra superior à sua."
S. RODRIGUES, *Origem da Companhia de Jesus*[1]

Antes de iniciar a descrever no que consiste ou como se desenvolve uma conversa espiritual, convém observar dois possíveis caminhos por onde estas podem discorrer. Uma é aquela espontânea em sua origem, informal em seu método e livre em seus objetivos. A outra é deliberada em sua origem, formal em seu método e com objetivos bem delimitados. Estas duas formas de conversa coincidem em muitas coisas, mas também se distanciam em algumas outras. Podemos chamar a primeira de "conversação aberta" e a segunda de "conversação orientada" ou planejada. Comecemos pela primeira.

---

1. Simón RODRIGUES, *De origine et progressu Societatis Iesu*, FN II, 384-385.

8.1. Conversa espiritual aberta

A conversa espiritual sobre a qual queremos falar agora germina e cresce em espaços compartilhados mais informais nos quais, sem intenção nem buscar, a própria conversa nos vai levando a temas cada vez mais pessoais ou comprometedores. Ao longo da conversa, começamos a notar que algo ou muito de nós mesmos está sendo entregue através da palavra. São espaços onde a própria subjetividade começa a tomar um protagonismo sem qualquer outro recurso midiático a não ser a própria pobreza da palavra. Uma conversa espontânea, mal preparada, pode derivar em uma teologia de pequenas coisas ou uma espiritualidade da vida cotidiana.

Pode ser uma conversa que às vezes não se recorde bem por onde ou porque teve início, mas que em um determinado momento começou a tratar "de mim, ou de nós", que agora estamos aqui, sem outras bagagens além de vidas expostas e abertas numa linguagem confiante e verdadeira. É a conversa que trata de quem somos ou de como estamos perante a vida, perante a vocação que Deus nos deu, perante a morte ou o tempo, perante o trabalho, perante os demais, perante o amor ou perante Deus mesmo. Sem que exatamente saibamos como chegamos até aqui, podemos nos surpreender falando sobre como está Deus em tudo o que somos, ou talvez, mais misticamente, como está tudo o que somos em Deus.

Se, depois de conversarmos assim, revisarmos o que aconteceu e talvez também como e por que aconteceu assim, poderemos descobrir alguns desses elementos.

a. *Escuta e liberdade*

Existem conversas espirituais onde se oferece e se recebe um nível profundo e sereno de escuta, onde os que participam são conscientes de que aqui e agora o mais importante é a palavra que flui e se pronuncia. Na conversa espiritual se respira um aroma de respeito pela intervenção do outro, que falando nos oferece sua vida. É a confiança entre os interlocutores que possibilita o descer até zonas da vida que são mais pessoais e, portanto, menos frequentadas. É uma conversa semeada de liberdade, onde não é necessário medir nem pensar cuidadosamente as palavras que são escolhidas, porque emergem espontaneamente do coração e sabemos que ninguém se sente ameaçado ou julgado. Não faz falta dizer, porém, que se dá por suposto um pacto implícito de confidencialidade como amostra de respeito ao que está sendo compartilhado.

A conversa espiritual pode ser conduzida e orientada, mas, sobretudo, tem um caráter espontâneo em momentos imprevistos: acontece, surge e essa é a sua grandeza. A conversa espiritual não precisa se ater a um tópico predeterminado a ser discutido, nem requer continuidade ou coerência com qualquer outra conversa anterior, pois não tem um itinerário definido nem lugar específico para se chegar. É uma conversa que trata da dimensão religiosa da vida, trata de nós mesmos e de Deus ou de como Deus está vivendo em nós, ou de como nós desejamos viver em Deus através de diversos caminhos e de mil maneiras. Pode ser sobre meu trabalho, minha família, meu descanso, meus desejos e sonhos, meus fracassos ou minhas crises, também sobre meus limites e aberturas, minhas incoerências e fragilidades ou minhas maldades e pecados, pode tratar de muitas coisas. Todas são compreendidas e interpretadas à luz de Deus, que as ilumina, e que são construídas a partir do Fundamento vital que dá consistência e solidez à minha vida.

A conversa flui e nesse fluir vai se sentido a presença do Espírito em meio às palavras, porque são palavras que abrem o Caminho, que tratam da Vida e nascem da Verdade. A conversação assim atrai conversadores para o sentido original e etimológico da palavra, "derramando-se no lugar comum", compartilhando a vida na frágil plataforma comum das palavras.

b. *Igualdade*

Nesta modalidade de conversa espiritual não existe um moderador ou um facilitador que cuide da divisão mais ou menos equilibrada do tempo ou que esteja atento para que as partes não se desviem do tema. Na mesa desta conversa não há uma chefia ou presidência; não há papeis a representar nem a defender. Não há acompanhante nem acompanhado, superior nem subalterno, psicoterapeuta ou paciente, mestre ou noviço; não existe hierarquia de qualquer tipo. Além disso, a presença de reivindicações hierárquicas mais ou menos implícitas pode ser a primeira causa para o fim da conversa.

Esta conversação espiritual reconhece uma única situação da qual todos participam: compartilhar a vida e gerar vida, de um tu a tu, um "entre nós" simples, gratuito e confiante. Aqueles que conversam são simplesmente irmãos e irmãs, amigos e amigas unidos pela fé e pela palavra na vida de cada um.

c. *Verdade e doçura*

Uma conversação assim só pode ser verdadeira. Somente pode ser palavra de vida o que se compartilha, de vida real, mas também e muitas vezes vida sonhada, imaginada, desejada ou de vida frustrada e malsucedida, que por vezes é a mais real que temos. Estar na conversa espiritual é ter perdido de vista há muito tempo a possibilidade de acrescentar "inverdade" (ou mentira) ao que dizemos. A palavra flui através do leito da honestidade. Nada nem ninguém nos obriga a sermos verdadeiros. Pelo contrário, a conversa desperta o desejo de dizer a verdade sobre quem somos, e ao falar isto todos nos sentimos bem. Fomos feitos para viver na verdade, e a conversa nos oferece um ambiente para mostrar essa dimensão tão constitutiva do que somos e experimentar a densidade, a profundidade e a alegria serena do que vivemos. Esta conversa espiritual é um caminho religioso para nós mesmos e isto só pode ser uma experiência de relação com a verdade. Conversar assim consiste tão somente em confirmar duas palavras: "sou eu". Estamos muito acostumados a converter em espadas as palavras da nossa retórica. Com muita frequência a utilizamos para nos prevenir, nos justificar, nos defender e para nos atacar também. Por isto quando conversamos espiritualmente podemos nos sentir um pouco estranhos a nós mesmos, porque a linguagem nos revela sua dimensão de suavidade e doçura, que provavelmente não conhecíamos[2]. As palavras que saem de um coração autêntico são uma forma de chegar a mim mesmo, de alcançar e tocar minha vida e a de outros através da linguagem. Pela conversação estou permitindo que outros se aproximem e me alcancem, ou porque me escutam ou porque me falam. Ao conversar assim experimentamos a dimensão mais sensorial das palavras. Com as palavras se pode acariciar, sarar, abraçar, perdoar, reconfortar, mimar, reconciliar e até beijar:

> Que há outra voz com a qual digo coisas
> Não suspeitadas pelo meu grande silêncio;
> e é que também me ama com sua voz
> (Pedro Salinas)[3].

---

2. EE [124].
3. Pedro SALINAS, "Que alegria, viver" [21], in *La voz a ti debida*, cit., 151. Original: "que hay otra voz con la que digo cosas/no sospechadas por mi gran silencio/y es que también me quiere con su voz/". [N. das T.]

Fomos feitos para a verdade. Buscamos a verdade. Gostamos que nos digam a verdade e não podemos aceitar que nos mintam. Como tantas parcelas de nossa sociedade, a linguagem também está muito ameaçada pela corrupção. Corromper a linguagem é pretender manipular o mundo, fazê-lo dizer o que não é e absurdamente pretender esvaziá-lo de si mesmo. A vida humana está à vontade desdobrando-se na verdade, na adaptação das palavras às ações e aos fatos, na interpretação dos fatos com palavras que a eles se ajustem com mais veracidade. Conversar espiritualmente é compartilhar nossa verdade e, ao fazê-lo, nos tornamos mais verdadeiros. Quando Deus quis nos mostrar sua verdade, nos falou em Jesus, e sua Palavra era verdadeira porque gerou Vida, uma vida abundante. Só o que nos dá vida é verdade, ainda que por vezes nos machuque.

d. *Compreensão*

Conversar verdadeiramente sobre mim, sobre nós, só pode ser uma experiência de construção e compreensão da pessoa. Construímo-nos à medida que falamos de nós. Às vezes atravessamos experiências originais, profundas, extravagantes ou estranhas. Algumas vezes a vida as colocam na nossa frente sem que pretendamos ou esperemos por elas. Outras vezes as buscamos porque desejamos viver isso ou aquilo e gostaríamos de compartilhá-las. Não é fácil contar o que se passa em nós num nível mais pessoal de nossos sentimentos, convicções e emoções e com frequência isso necessita de toda uma aprendizagem. Existem dimensões importantes do mundo, do meu mundo, que acabam não me atingindo porque não consigo traduzi-las em palavras. Elas estão aí e o sei por que as vivi, passei por elas, todavia elas ainda não passaram completamente por mim. Não terminamos de experimentar as coisas até falarmos com elas e delas.

Falar nos conecta com o mundo e com as coisas. Falar sobre nós nos leva a níveis mais profundos de nós mesmos e irremediavelmente nos liga uns aos outros. Da mesma forma, ouvir os outros falarem de si permite entrar em lugares não conhecidos de suas vidas e de seu mundo. Falar de nós mesmos com liberdade, com confiança, de forma espontânea e verdadeira é, provavelmente, a melhor maneira de nos construirmos. Escutar os outros muitas vezes nos leva a um novo olhar e interpretação do que é. A conversa, neste sentido, nos faz humildes porque com frequência nos leva a reconhecer que determinada opinião que tínhamos sobre o outro carecia de fundamento, estávamos equivocados. Saber sobre o outro é começar a compreendê-lo e libertá-lo dos juízos de valor errôneos e injustos que talvez tivéssemos começado a construir sobre ele. Não podemos imaginar a riqueza do mistério que somos até começarmos a explorar a profunda imensidão do que vivemos.

e. *Pobreza e transparência*

Comunicar verdadeiramente o que vamos nos tornando é experimentar que somos levados, quase que arrastados, até a pobreza. Fazer "de mim e de minhas circunstâncias" tema de conversa implica compartilhar a autoridade sobre mim mesmo, ou melhor, começar a perder essa autoridade que penso ter sobre mim mesmo. Começo a me desapropriar e, em certa medida, começo a pertencer aos outros, de quem sabe de mim. É muito comum em vários tipos e formas de reuniões não se atrever ou não querer expressar a própria opinião ou sentimento até entender o que mais convém para a dinâmica do encontro para não ficar "marcado" por uma voz ou uma opinião que pode ser dissonante com o comum. A conversa, quando autêntica, afasta o medo.

Pela palavra mostramos o que somos e como somos, e isso, inevitavelmente, nos converte em seres vulneráveis. Há pessoas que, em nome de uma falsa prudência, preferem permanecer em um enigmático silêncio: uma forma de se proteger e de entender o ambiente mais como uma ameaça do que como uma possibilidade de construir algo conjuntamente. São silêncios que geram espaço de sombra, de desconfiança, e que ameaçam a dinâmica própria da comunicação, que somente pode ser sentida na confiança e na liberdade.

Pelo contrário, à medida que falamos a luz vai se fazendo, estamos nos expondo e nos dando a conhecer, e assim vamos nos entregando: uma forma de nos despojar. Jesus se despojou ao máximo, pelos gestos do Lava-pés, pela entrega de sua vida na eucaristia e, por fim, pela cruz. Antes, já tinha se despojado através da palavra – "Tudo vos dei a conhecer"[4] –, e nesse desnudamento linguístico, nessa luminosa descida por si mesmo através da palavra, se fundamenta a amizade: "Chamo-vos amigos", somos amigos porque nos conhecemos, temos nos entregado uns aos outros esvaziados pela palavra. Vamos simplesmente contando-nos a vida.

Através da conversa nos tornamos transparentes uns para com os outros e permitimos que a nossa fragilidade construa a relação. A palavra difunde uma troca de liberdades e de entregas construídas a partir da confiança. A conversa espiritual é amiga da humildade, me convida a arriscar à perda do poder e da autoridade sobre as partes do que eu considerava minhas e unicamente minhas. À medida que o outro conhece de mim e eu vou conhecendo dele, se desperta o interesse e o afeto – a palavra une vidas. Ser eu mesmo começa a ter algo ou muito de nós. A palavra é a mistagoga da amizade e do amor. É a palavra que

---

4. Jo 15,15.

transforma a vida em comum-união. A amizade verdadeira tem seu início em palavras verdadeiras: "Chamo-os amigos."[5]

f. Memória

A memória é inconscientemente seletiva e guarda o que a vivifica e o que a ajuda a seguir crescendo. Com frequência tenta se libertar do peso das recordações de dor e morte, ainda que às vezes lhe custe tanto. As conversas assim vividas passam à herança da memória que já não se esquece. Essa conversa vence o tempo. Há muitas poucas coisas que vencem o tempo: o Amor e a Palavra. Podemos esquecer detalhes e datas do que compartilhamos, porém não podemos esquecer o fato de que conversamos assim e que parte de nossa vida foi oferecida, foi entregue nesta conversa, e que nesta conversa recebemos a vida do outro ou de outros.

Entregar a vida através da palavra é um marco sem retorno em uma relação. Faz descer a um nível de profundidade incomum, raramente visitado. Lá, a vida desperta, cresce e a memória vai para esses lugares porque sabe que a partir dali dá e dará vida.

8.2. Conversa espiritual orientada

A conversa espiritual pode percorrer outros caminhos, menos espontâneos, mais claramente motivados e com objetivos definidos. É a conversa que um grupo de amigos ou uma comunidade decide iniciar quando deseja aprofundar algum ponto particular de sua vida espiritual ou tomar uma decisão que pode afetar todos os membros do grupo. Este tipo de conversa pode, portanto, estar relacionada com o método de tomada de decisão

---

5. Jo 15,15.

ou do discernimento em comum. Ou, o que é o mesmo, o discernimento em comum pode e deve se servir de alguns aspectos desta conversa espiritual.

Para que este tipo de conversa dê frutos é conveniente que os membros do grupo tenham certa experiência de oração pessoal e que tenham um mínimo de caminho compartilhado como grupo ou como comunidade a fim de que possibilite, sem forçar a situação, que os membros compartilhem sua experiência de forma livre e espontânea.

Como essa conversa é organizada e conduzida? Um possível modelo poderia ter essas características e formar este processo.

a. *Encorajar a disposição interior*

Inácio de Loyola fala de "preparar e dispor a alma"[6] para entrar nos Exercícios Espirituais. A conversa pode ser considerada um tipo de exercício espiritual que também requer sua preparação e disposição. É conveniente que, antes da reunião, cada membro do grupo dedique alguns minutos em silêncio para preparar sua participação, para favorecer interiormente um nível de escuta atenta e profunda e a colocar em oração perante Deus a vida dos companheiros e a reunião que vai começar.

b. *Estilo de conversa*

Uma comunidade ou grupo pode se reunir com diversos fins ou propósitos: receber informações de interesse geral, aprovar algum tipo de projeto ou orçamento, debater a análise de um ponto de interesse comum a todos e se aprofundar nele. Dependendo do objetivo da convocação assim ocorrerá a conversa de um ponto

---

6. EE [1].

a outro. O encontro para uma conversa espiritual primeiramente não tem caráter informativo, nem analítico, nem argumentativo. Tampouco se trata de uma reunião de discussão ou de debate em torno de um ponto. Nem é uma reunião de oração comunitária. Trata-se de um encontro de caráter expositivo na qual cada um dos membros compartilha com os demais os ecos, sentimentos, experiências, pareceres pessoais alinhados com o tema da reunião. Fala-se e se tenta compartilhar, principalmente, isto que Santo Inácio chamava de "moções"[7], os movimentos internos que ocorrem no espírito e que podemos reconhecer como passagem de Deus por nossas vidas. O grupo escuta e acolhe o que cada um compartilha, porém nada do que é ouvido se discute ou se avalia, muito menos se critica ou se julga.

c. *Animador ou facilitador da reunião*

Por se tratar de uma conversa espiritual orientada, é conveniente que o grupo conte com um facilitador que ajude no desenvolvimento da conversa a fim de manter o seu devido curso. O facilitador realizará sua tarefa de forma discreta e respeitosa. Convém que seja uma pessoa familiarizada com o método, tenha clareza sobre os objetivos que se buscam e sobre a forma de desenvolver a reunião. O facilitador oferece estrutura mínima para o bom desenrolar da reunião, mas não deve se converter no personagem principal desta. Ele deve usar de sua fala com bom senso para que o grupo e cada um de seus membros sejam os únicos protagonistas da conversa. Algumas das características que o facilitador há de ter presente ao longo da conversa, a fim de se manter no lugar que lhe corresponde e favorecer com que a conversa do grupo discorra com sua própria dinâmica, são as seguintes:

---
7. EE [6].

- *Atenção* ao sentimento geral do grupo para estimular a escuta, sair de momentos de possíveis cansaço ou assegurar a distribuição equitativa de tempo e palavra.
- *Respeito e prudência* para intervir nos momentos adequados a fim de esclarecer algum ponto, acolher as intervenções ou dinamizar o grupo, se precisar.
- *Delicadeza* na sua forma de intervir, favorecendo a integração de todos na conversa e evitando que alguém se sinta chateado, julgado ou ignorado.
- *Realismo* com o avanço da reunião e a relação dos conteúdos com o tempo disponível.
- E por fim, *humildade* para reconhecer o importante papel que tem em suas mãos e, ao mesmo tempo, saber permanecer em um discreto lugar secundário que favoreça o protagonismo dos participantes que conversam.

d. Estrutura da conversa

Em contraste com a conversa espiritual aberta de natureza mais espontânea, esta conversa orientada requer um mínimo de estrutura que a organize e favoreça o seu desenvolvimento. Antes do grupo se reunir é conveniente que os membros da comunidade que vão se encontrar para conversar conheçam com antecedência o objetivo da conversa ("Sobre o que se vai falar?") e que aqueles que queiram falar ou partilhar possam se preparar numa atitude orante.

Reunida a comunidade, a conversa pode se desenvolver seguindo estes passos:

d.1 Breve *oração inicial* que ajude os membros do grupo a se colocarem na presença de Deus e que favoreça um nível de escuta atenta, profunda e religiosa. Esta oração recordará ao grupo a motivação e o horizonte espiritual da reunião e animará o grupo a vivê-los como experiência do Espírito. Não se trata somente de partilhar a partir de e para nós mesmos, mas sim a partir de Deus que caminha conosco e vive neste grupo e comunidade.

d.2 *Introdução*. O facilitador ajuda a gerar um ambiente de escuta atenta e espiritual que recorde ao grupo o sentido da reunião e a metodologia que será seguida.

d.3 *Conversa 1*. Cada um dos membros do grupo partilha o que meditou ou orou no período que antecedeu a reunião. Trata-se de uma partilha orante que pode integrar tanto as ideias ou as reflexões sobre este ou aquele tema, como os afetos e sentimentos que foram despertados a partir da reflexão. Neste primeiro momento de intervenção não há reações ou contraponto por parte dos outros membros do grupo, há somente uma escuta atenta sobre o que cada um vai trazendo. As intervenções dos outros são recebidas como uma experiência religiosa. Suas palavras são a expressão de sua experiência de Deus (e de Deus nelas) e isso requer profundo respeito e acolhimento incondicional.

Neste momento da reunião é importante que todos os membros presentes participem e que o facilitador permaneça atento para garantir que todos tenham um tempo de fala semelhante. Ao falar, cada um fala de si mesmo, sem citar outros companheiros e evitando fazer referência ao que os outros possam ter dito anteriormente. Quanto a duração, se espera que estas colocações sejam proporcionais ao número de participantes do grupo (uma reunião de quatro ou cinco pessoas não é o mesmo que outra de doze ou quinze). Espera-se sempre que as colocações sejam de caráter pessoal e transmitam de maneira simples e direta as moções e as experiências de cada um dos membros do grupo.

d.4 *Silêncio.* A fim de favorecer uma escuta serena e profunda, é conveniente abrir breves espaços de silêncio ao final de cada colocação; desta forma, todos do grupo poderão acolher e interiorizar o que foi dito, evitando entrar numa dinâmica de certo "consumismo de experiências". Os breves silêncios podem também contribuir para gerar um clima de oração e recordar o tipo de encontro em que se está participando.

d.5 *Conversa 2.* Uma vez que todos tenham participado, o facilitador abre um segundo momento de colocação no qual de forma espontânea os membros do grupo possam reagir ao que escutaram. Convém recordar que não se trata de uma reunião para questionar, discutir ou julgar diversas opiniões, mas sim para partilhar ecos ou novas luzes que possam ter surgido a partir do que foi colocado pelos companheiros, ou, simplesmente, para compartilhar o sentimento principal que permanece ao final da reunião. Partilhar e escutar são os objetivos deste encontro.

d.6 *Oração final.* Esta conversa orientada termina com uma simples oração de agradecimento a Deus que volta a recordar ao grupo o horizonte espiritual do encontro. Alguma oração vocal conhecida por todos ou um canto da ação de graças podem ser opções válidas para fechar este exercício.

e. *Benefícios desta conversa*

Finalizado este encontro pela conversa espiritual, podemos nos perguntar: que benefícios nos traz implantar este método de comunicação espiritual em uma reunião de uma comunidade ou qualquer outro tipo de grupo humano? Vale a pena?

e.1 Tal conversa favorece um contexto e uma oportunidade para uma interação profunda e pessoal, muito difícil de se alcançar se não for incentivada por esta estrutura que a facilite. A conversa espiritual também favorece o mútuo conhecimento entre os membros do grupo, de maneira especial a respeito da vida espiritual de cada um. Deus pode nos surpreender nos mostrando de que maneira pode trabalhar no coração de nossos irmãos.

e.2 Este mútuo conhecimento pode aumentar o entendimento e a compreensão entre os membros do grupo: conhecer a vida e as circunstâncias do outro, seus temores, esperanças ou ilusões ou suas crises podem ser uma explicação suficiente para entender com mais precisão as formas de agir ou proceder de cada um. A conversa pode ser, portanto, um silencioso remédio para uma espontânea solução de conflitos, se houver. A compreensão é a antessala do perdão.

e.3 A conversa pode aumentar o afeto entre os diversos membros do grupo. Com o afeto, o grupo se torna coeso, e esta coesão trará benefícios para o trabalho ou missão que a comunidade está desenvolvendo. Não tanto em sua eficácia ou em seu desempenho objetivo (pois um grupo em harmonia é sempre mais eficaz do que um grupo dividido pelo conflito ou marcado pelo anonimato ou indiferença), como na consciência do sentido de trabalho e da renovação das motivações que o sustentam.

e.4 No caso de que a conversa estivesse orientada para uma tomada de decisão, esta, alcançada e assumida por todos, será fonte de união e fortalecimento dos vínculos entre os participantes do grupo e da comunidade. Todos os membros se sentirão envolvidos no projeto que inicia com esta decisão, que lhe confere uma extraordinária consistência e energia.

e.5 Esta conversa ajuda a desenvolver valores evangélicos contraculturais em nosso tempo: escuta pacífica e honesta; gratuidade, ao dedicar tempo de qualidade sem pretender obter um benefício mensurável; fraternidade, compartilhando com uma comunidade na qual todos se encontram e partilham do mesmo lugar religioso; humildade, ao experimentar a voz e a revelação de Deus sendo "um entre muitos".

8.3. Por que conversamos pouco?

A experiência nos mostra que conversar assim, conforme algum destes dois modelos de conversação espiritual que acabamos de comentar, não é frequente. Não é fácil encontrar o contexto e o momento adequados, e quando estes estão presentes, ao começar a falar uns com os outros, frequentemente aparecem resistências e dificuldades imprevistas. Algumas são mais livres e conscientes, outras procedem das rotinas da vida e, simplesmente, nos levam sem nos darmos conta disto. Então, por que conversamos tão pouco? Podemos apontar várias causas.

a. *Por falta de sabedoria*

Uma vez que tenhamos nos aproximado com certa determinação de uma conversa espiritual, talvez possamos reconhecer que "não sabemos conversar", ainda que, de algum modo, sejamos capazes de elaborar discursos retoricamente impecáveis. Porém conversar *deste jeito* é outra coisa. Talvez a falta de experiência, de prática ou de circunstâncias apropriadas venham aumentar a resistência que procede do que chamamos de modéstia ou reserva, talvez vergonha ou timidez. Muitas vezes é fácil perceber que muitas pessoas se sentem desconfortáveis, mesmo entre pessoas próximos, para falar de si mesmas.

A conversa espiritual tem algo de ir ao essencial de si mesmo, algo de descida ao lugar do coração que não costumamos visitar e que até para nós mesmos, muitas vezes, é um lugar desconhecido. Neste sentido reconhecemos humildemente que não sabemos ou que nos custa muito falar. Não sabemos o que fazer quando uma conversa nos convida ao aprofundamento em determinados temas e à descida a dimensões mais reservadas. Há quem se sinta nervoso, há quem reaja evitando a conversa e desviando-a com diferentes técnicas, e há mesmo quem se sinta incomodado...

Entre tantas palavras que hoje geramos e recebemos cada dia, sentimos falta de professores ou mistagogos da conversação.

b. *Por falta de atenção*

Talvez por defeito profissional ou "hobby", passei muito tempo observando como acontecem e por onde se movem as conversas nas quais normalmente participo. Esta observação pode ser simultânea ou posterior. Ou seja, às vezes, quase sem perceber me descubro frente a esta pergunta: "o que passa nessa conversa e como estou envolvido nela agora?". Quase que imediatamente, uma parte de mim se transforma num observador atento de como a palavra está sendo ministrada e gerenciada em torno da mesa de amigos, nesta roda de café, em uma reunião de trabalho ou em uma reunião desta comunidade, por exemplo. Outras vezes, esta pergunta aparece no final, quando os participantes já se dispersaram, cada um para seu lugar habitual, e, então, me vem as perguntas: "o que se passou nesta conversa?", "como se desenvolveu?", "quais temas e pessoas predominaram?". E até a análise dos dados pedem às vezes que retornemos às suas causas: "Por que se passou assim?" "Poderia ter acontecido de outra forma?"

Se prestarmos um pouco de atenção em como as palavras se sucedem em uma conversa, comprovaremos que a quantidade de temas que aparecem entre os participantes é muito diversificada e com frequência acontecem de forma aleatória. Os temas se vão sucedendo à medida que vão aparecendo afinidades ou possíveis conexões entre eles, como frequentemente acontece com nossos pensamentos: uma anedota ou uma recordação leva a outra, uma pessoa ou um tema se envolve com o seguinte...

É bastante normal que uma pessoa mais falante, ou com um perfil psicológico mais espontâneo ou simplório, ou aquela outra com personalidade mais forte seja quem domine a conversa com base em temas ou assuntos de seu interesse particular, pessoal ou por adquirida erudição. Se não aparecer no grupo algum participante *atento* que possa num momento oportuno introduzir algum tipo de comentário, observação ou pergunta que possa reorientar a conversa para um ponto comum, esta seguirá o caminho demarcado por esta ou aquela personalidade dominante.

Às vezes, uma pergunta ou um comentário apropriado neste grupo ou para essa pessoa é o suficiente para que a conversa retorne a um nível de maior envolvimento, interesse ou profundidade. Mas para isso é preciso um pouco de atenção e perceber no grupo certa predisposição para começar a "falar".

c. *Por falta de interesse*

Há muito pouco ou nada a fazer se existe falta de interesse, cuja presença é fácil de se detectar ao longo da conversa. Numa conversa que requer o envolvimento pessoal dos participantes não pode e nem deve haver imposição. Além disso, tal imposição pode se converter na primeira dificuldade estrutural podendo bloquear o precioso exercício da conversa, não apenas no aqui e agora, mas também em ocasiões posteriores que possam acontecer. A conversa espiritual deve brotar da liberdade do contexto em que ocorre ou poderia ocorrer, e exige um ambiente que a possibilite ou a anime. Podemos até contar com circunstâncias ambientais muito favoráveis (lugar e tempo), porém se não houver o mínimo de interesse por parte dos participantes, a conversa não fluirá. Também é certo que pode acontecer o contrário: estar em circunstâncias aparentemente adversas (em tese, em espaço pouco apropriado e com tempo reduzido), mas que se houver interesse pode brotar conversas muito interessantes. Neste caso se confirma o ditado que "querer é poder".

d. *Por falta de escuta*

A falta de escuta básica geralmente está relacionada ao desinteresse, conforme acabamos de mencionar. Toda conversa, por se tratar de um ato social básico, pede um nível mínimo de escuta. Este nível mínimo a que nos referimos é ouvir o que as pessoas estão nos dizendo. A audição é um sentido muito seletivo. Assim como podemos deixar de sentir o aroma que o ambiente nos impõe, podemos orientar o ouvido e com ele a nossa atenção, de um lugar a outro conforme o nosso interesse. Podemos, por exemplo, deixar de prestar a atenção à conversa da nossa mesa e acompanhar de perto a conversa da mesa ao lado, se ela despertar nossa curiosidade e interesse. Pode acontecer com qualquer um de nós numa conversa e, sem realmente saber como ou porque, nos sentimos levados por conta de uma ou outra distração para um lugar completamente diferente. Ainda que estejamos fisicamente presentes ao redor de uma mesa ou numa sala acolhedora, podemos estar ausentes, muito distantes, virtualmente presentes em outro lugar psíquica e emotivamente. O poder da distração pode ser tal que literalmente podemos deixar de ouvir a pessoa que está ao nosso lado.

Muitas vezes uma conversa é frustrada uma vez que de maneira mais ou menos consciente nos damos conta de que não soubemos gerar uma atmosfera de escuta. Não temos consciência de que o ato social que nos compromete à uma conversa constitui necessariamente numa aposta compromissada com a escuta e com tudo o que a ela diz respeito. Com frequência confundimos o respeito à vez de fala de um interlocutor com a escuta básica, e pensamos que por termos ficado calado durante a "fala do outro", já o escutamos. Outras vezes falta, inclusive, este mínimo de educação e as intervenções se sucedem sobrepondo-se umas às outras, sem respeitar o final de uma colocação ou esperar outras possíveis. Uma autêntica conversa não pode ocorrer sem um consistente ambiente de escuta.

Numa conversa pode acontecer um certo bloqueio temporário ou definitivo caso um dos membros tenha a impressão de que não está sendo ouvido. Escutar, sobretudo, é sintoma de educação e respeito, além de acolhida, consideração, inclusão e valoração. Não escutar, embora muitas vezes seja um ato inconsciente, é sinal de exclusão que pode ser interpretado pela pessoa afetada como um gesto de rejeição.

Por vezes falamos muito, e várias destas conversas são frustrantes porque têm pessoas que falam em demasia. Falar muito pode revelar algum tipo de quadro psicológico complicado (ansiedade, angústia, nervosismo) ou um perfil psicológico que tende ao narcisismo e à necessidade imperiosa de se fazer escutar, como quem se olha no espelho de suas próprias palavras. Outras situações que dificultam ou podem até bloquear a escuta são: ir a uma reunião ou se fazer presente numa conversa com ideias fixas e preconceituosas sobre coisas e pessoas; ter respostas prontas antes que o outro termine de formular sua pergunta ou sua intervenção; cortar, interromper ou simplesmente ignorar o que a outra pessoa esteja compartilhando. Conversar implica ouvir, ouvir bem, para o que devemos treinar, porque escutar também (e acima de tudo) se aprende.

e. *Por excesso de comunicação*

A isto se deve somar o impacto da ruptura do discurso produzido pelos novos meios de comunicação facilitados pelas (novas?) tecnologias. Os dados estão aí. Diariamente, cerca de 62 bilhões de mensagens de "WhatsApp" circulam pelas estradas virtuais da informação. Sim, eu mesmo fiquei perplexo ao ver a resposta que o Google me ofereceu quando perguntei: "Quantas mensagens de WhatsApp são enviadas diariamente?".

Não há dúvidas sobre o quanto os aplicativos como o WhatsApp facilitaram a vida. Comunicação rápida, direta, econômica no uso das palavras, instantâneas a partir de qualquer canto do planeta. Trata-se também de uma comunicação fragmentada em sua estrutura linguística, que se expressa através de abreviaturas, palavras-chaves ou registros de caracteres intuitivos (*emoticons*), nos quais o interlocutor não está à sua frente (seus gestos, sua postura, sua voz), onde se pode camuflar em expressões estereotipadas ou palavras parcial ou totalmente desvinculadas de sua situação existencial. Hoje vivemos envoltos na comunicação. A superabundância de comunicação (não confundir com informação) tem o perigo de que subestimemos o valor da palavra, que precisa de um contexto de conversa apropriado para se pronunciar. Às vezes o excesso de palavreado pode provocar a asfixia da própria palavra.

8.4. A saúde da conversa. Guia de aprendizagem.

Refletir criticamente sobre as experiências da conversa pode ser de grande ajuda para melhorar a sua prática. A seguir oferecemos algumas diretrizes que podem nos ajudar a conhecer o que acontece enquanto conversamos.

a. *A nível pessoal*

1. Qual é o sentimento predominante ao término da conversa? Ilusão, esperança, alegria, frustação, tristeza, aborrecimento, cansaço, preguiça, otimismo, certo enfado, tensão, incomodo...? Por que creio que prevaleceu este sentimento? O que o provocou?
2. Como me senti ao longo da conversa?
   a. Notei variação no meu estado de ânimo ao longo da conversa?
   b. Poderia relacionar a variação do estado de ânimo com algum fato em particular (alguma alusão que me afetou, alguma intervenção que gostei ou que me desagradou...)?
3. Qual foi meu nível de escuta?
   a. Em termos "quantitativos":
      i. Fui atento ao longo da conversa?
      ii. Tive distrações perceptíveis?
      iii. Afetaram minha contribuição na conversa?
      iv. Alguma distração se destacou mais claramente sobre as outras?
   b. Em termos "qualitativos":
      i. Predominou a escuta livre de preconceitos sobre temas ou pessoas?
      ii. Escutei de forma condicionada por meus próprios interesses?
      iii. Escutei alguma colocação de forma condicionada (positiva ou negativamente) pela pessoa que falava?
      iv. Foi uma escuta, em termos gerais, positiva e construtiva?

v. Foi uma escuta interna carregada de preconceitos e/ou decepções?
4. Minhas colocações foram:
   a. Em termos de tempo, foi uma participação equilibrada tendo em conta o número de participantes na conversa?
   b. Atitude:
      i. Senti-me livre para intervir quando achei que deveria fazê-lo?
      ii. Em caso negativo, o que me bloqueava ou dificultava a minha participação? Posso identificar algum medo ou temor?
      iii. Consegui expressar o que verdadeiramente queria dizer?
   c. Implicações:
      i. Foi uma participação mais teórica e racional ou contribui com algo de minha experiência pessoal?
   d. Tom de minha participação:
      i. Atendeu ao que eu desejava que fosse?
      ii. Fui menos claro do que eu pretendia?
      iii. Fui mais impulsivo ou "agressivo" do que teria gostado?
   e. Recepção:
      i. Senti que o grupo me escutou?
      ii. Senti e notei que minhas colocações foram acolhidas e tidas em conta para o conjunto da conversa do grupo?

b. *Referente ao grupo*

   1. Qual o sentimento geral que percebi neste grupo ao longo da conversa?
   2. Nível de escuta no grupo:

a. Notei as pessoas concentradas na conversa?
b. O tipo de escuta favorecia as intervenções pessoais de forma aberta e sincera?
c. Escuta foi atenta e respeitosa?
3. Participação das pessoas:
a. Houve fluidez na participação?
b. Houve uma participação equilibrada, com distribuição, dentro do possível, de tempo e de forma equitativa?
c. Em que nível ocorreram as intervenções? Num nível mais teórico-racional? Num nível mais implicativo-pessoal?
d. Pessoas ficaram fora da conversa? Por ser mais tímida? Por que não encontraram um momento para se colocar? Por que outros ocuparam tempo demasiado em suas colocações?

9
Conversação pastoral e acompanhamento

"Nos foram dadas duas orelhas,
porém somente uma boca,
para que possamos ouvir mais
e falar menos".
ZENON DE ELEA, s. V a. C.

Jesus falava com seus discípulos. Alguns fragmentos destas conversas, muito poucos, foram recolhidos nos Evangelhos: os fragmentos que os evangelistas consideraram mais importantes. Porém muitas horas de conversas mantidas enquanto caminhavam, enquanto comiam ou descansavam, foram perdidas. Através da conversa Jesus ajudava seus discípulos a compreender melhor sua presença entre eles, o que significava o Reino ou qual era o verdadeiro rosto bondoso do Pai. Deste então, os amigos de Jesus não abandonaram esta prática tanto simples como profunda de se encontrar para conversar sobre o Senhor e evangelizar suas vidas.

9.1. O que é a conversa de acompanhamento?

A conversa pode encontrar seu lugar de realização como um ministério, um encontro no qual se favorece ajudar a outros no crescimento de sua vida cristã e se realiza no nome do Senhor

Jesus. A conversa é, então, uma tarefa e uma missão, um tempo de ajuda religiosa a outra pessoa através da palavra.

O acompanhamento espiritual tem uma forte tradição na história da Igreja como ministério apostólico. Já nas primeiras comunidades monásticas descobriram o enorme valor desta instância ou mediação de ajuda entre a íntima e irrenunciável experiência interior de Deus e a orientação fundamental da própria vida em suas decisões, ações e palavras. O ancião ou o abade (abba) era pessoa de reconhecida experiência ("pessoa espiritual"[1], como chamará Inácio de Loyola), familiarizada tanto com a linguagem de Deus e sua consolação bem como com a linguagem do "demônio", de suas falácias, ilusões e tentações[2]. Os anciãos eram os mais adequados para orientar os jovens e os menos iniciados no caminho da vida espiritual.

O termo *acompanhar/acompanhamento* se ajusta ou se adequa à relação de crescimento na fé, no campo pastoral em que nos encontramos? Sim, em alguns aspectos e não, em tantos outros. O termo *acompanhamento* situa os dois protagonistas da conversação de maneira diferente do termo *direção espiritual*. *Acompanhamento* supõe que ambas as pessoas estão num mesmo nível, como a relação que existe entre companheiros: companheiro de classe, companheiro de trabalho. O que ocorre é que em muitos casos a pessoa que acompanha (acompanhante) participa de algumas características que o colocam em um plano diferente daquele da pessoa acompanhada: uma certa autoridade reconhecida, experiência e trajetória, sabedoria, responsabilidade... O termo *acompanhamento* diz mais do que expressa por si só: do acompanhante se espera algo mais e diferente do que normalmente se espera de um companheiro.

---

1. EE [326].
2. EE [329].

Por seu lado, a expressão *direção espiritual*, e seus *diretor/ dirigido*, implicam uma maior diferenciação dos papeis na conversa. Em nossa linguagem comum, o *diretor* tem uma autoridade reconhecida, e em muitas vezes explícita e remunerada. Do diretor se espera que conheça a direção, o caminho a seguir, os objetivos a atingir. É alguém que pode ter uma maior e mais clara influência sobre o dirigido. A palavra *diretor* remete a um maior protagonismo, conhecimento e iniciativa; e seu relativo *dirigido*, a uma maior receptividade e passividade.

O emprego de uma ou outra expressão (acompanhante/diretor) revela uma forma de entender a relação espiritual entre duas pessoas e, com frequência, revela também uma teologia subjacente, de maneira particular uma visão da comunidade, uma eclesiologia. Em alguns âmbitos da comunidade eclesial é mais frequente o termo *acompanhante/acompanhamento espiritual*, enquanto em outros prevalece *diretor/direção espiritual*.

Em minha opinião, nenhum deles se ajusta exatamente naquilo em que consiste sua função. Quem ajuda alguém a evangelizar sua vida a partir desta perspectiva de ministério ou missão é algo diferente de um companheiro (porque dele se espera algo mais), mas também é diferente de um diretor (porque dele se espera algo menos). Além disso, em uma relação deste tipo, quem exerce a ajuda pode (e às vezes deve) adaptar seu papel na conversa à necessidade da pessoa. Em algumas ocasiões poderá mais ajudar acompanhando o processo e em outras ocasiões mais ajudará direcionando o processo se considerar que é isto o que a pessoa mais necessita neste momento, dada as suas circunstâncias. A questão de terminologia é importante e pode influir na relação.

Como em quase tudo, esta relação de ajuda é suscetível de ser interpretada de formas distintas dependendo do estilo, do modelo eclesiológico, de pequenas tradições estabelecidas nas comunidades, da mentalidade teológica-pastoral ou da formação recebida de quem desempenha a função de acompanhante/diretor. O que é importante é que as partes envolvidas na conversa tenham claro em todo o momento o fim que se pretende (ajudar as pessoas a evangelizar suas vidas, a viver mais perto de Deus, a buscar a sua vontade) e a desenvolver, portanto, estilos e funções na conversa que mais sirva de ajuda para este fim.

Como acompanhantes ou diretores espirituais, os jesuítas assumiram desde os primórdios este tipo de ministério, muito presente entre as principais atividades da Companhia de Jesus, e o integrou em expressões como "para proveito das almas na vida e doutrina cristã", "todos os outros ministérios da palavra de Deus" ou "consolação espiritual dos fiéis cristãos", presente em sua carta magna, a *Fórmula do Instituto*. As primeiras conversas espirituais do primeiro grupo de amigos de Santo Inácio em Paris incluíram este aspecto de "ajuda" na compreensão e orientação da vida, e Inácio, sem perder sua condição de amigo e companheiro, foi, de fato, acompanhante ou diretor espiritual de Pedro Fabro, Francisco Xavier, Diego Laínez e todos os outros "amigos no Senhor".

Sendo um ministério, entendemos este tipo de conversa como um lugar de revelação e obra de Deus. Ainda que nos possa parecer algo simples e rotineiro, a palavra é um meio privilegiado através da qual Deus se faz Presença, Deus se dá. Nossa palavra, em qualquer sentido que se pronuncie, como acompanhante ou acompanhado, pode ser motivo ou causa de uma experiência de Deus, que devemos reconhecer com humildade e, às vezes até com assombro. Desconhecemos o alcance e o valor que podem ter as palavras ditas no contexto adequado: uma expressão, uma citação, um comentário que brota "como que de passagem" pode tocar profundamente nosso interlocutor e encorajar o começo de algo novo em sua vida, algo inesperado.

9.2. Acompanhar, atitude humana e disposição do espírito

Acompanhar tem um profundo significado de compartilhar espaços e cenários de vida, de "estar aí". É uma pena que tenhamos perdido de vista o sentido etimológico das palavras *companheiro* e *acompanhar*: procedem de *cumpanis*, e remetem às pessoas com as quais se compartilhava o pão; costumavam ser companheiros de caminho, pois era comum os peregrinos compartilharem a comida que levavam na bolsa. É por isso que aqueles que caminhavam juntos muitas vezes se tornavam companheiros.

Este encontro que se dá na conversa pastoral é uma relação de ajuda entre dois crentes a fim de contribuir na descoberta da passagem de Deus pela sua própria história e favorecer o seguimento de sua vontade na vida ordinária. Não é uma conversa que peça tanto para falar das "coisas da vida (explicitamente) espiritual" e de "coisas como fatos espirituais da vida" e, portanto, numa perspectiva de fé cristã na tradição a que pertencemos. O acompanhamento, debruçado sobre uma diversidade muito grande de temas, trata de algo muito concreto, profundo e concernente: a passagem de Deus, do Senhor Jesus pela nossa vida, que toca e alcança a todas nossas "coisas", todo o "meu ter e possuir", "o que tenho e sou"[3]. O objeto da conversa pastoral é, portanto, a vida em toda a sua riqueza e complexidade, em toda a sua verdade e densidade, a vida que deseja ser iluminada desde a fé. O que dá qualidade de "espiritual" à conversa não é tanto o "o que" se compartilha, mas o "de onde" e o "para que" compartilhamos nossas vidas.

No sentido mais estrito do termo, acompanhar alguém (um doente, alguém necessitado) implica aceitar sua situação e adaptar a minha vida à sua: nós o acompanhamos até onde ele quer ir, que

---
3. EE [234].

muitas vezes não coincidirá para onde queremos ir. O acompanhamos no ritmo de seu passo, que muitas vezes não será o nosso ritmo. O acompanhamos no lugar onde ele se encontra que muitas vezes não coincide com o nosso. Acompanhar outros é aprender a se colocar numa relação de igualdade ou, ainda, sob e a serviço do outro. A principal disposição do acompanhante na conversa pastoral requer que este assuma um papel passivo e, uma vez ali, e só a partir daí, assuma a atividade humilde que a conversa exige.

Acompanhar um processo doloroso, uma enfermidade, um tempo de espera em um hospital às portas de uma sala de cirurgia, acompanhar um caixão pelo cemitério até ser enterrado, acompanhar uma demissão de emprego, acompanhar um *não* pela décima segunda entrevista de emprego, acompanhar a notícia de diagnóstico de um câncer maligno, acompanhar uma separação não desejada de casamento, acompanhar a notícia de um acidente fatal de um filho, acompanhar, acompanhar... Acompanhar bem em situações difíceis não é fácil e tem seu componente de carisma, dom, competência e conhecimento, de sabedoria e de formação.

O exercício da conversa pastoral pede, para quem exerce este ministério, um trabalho prévio de se libertar ou, se preferir, de esvaziar-se de si mesmo. Inácio de Loyola escreveu que "na vida espiritual tanto mais aproveitará quanto mais sair do seu próprio amor, querer e interesse"[4]. Só a partir do fundamento mais autêntico que é a humildade é que será possível construir com êxito uma relação cristã de acompanhamento, através do que chamamos aqui de "conversa pastoral".

Para que a conversa dê seus frutos, ou ao menos não seja dificultada por uma das partes, exige-se uma atenção constante frente a possíveis preconceitos ou interesses sobre pessoas, temas ou situações, ou a possíveis recompensas, imagens que de

---

4. EE [189].

maneira mais ou menos consciente podem estar influenciando o desenvolvimento da conversa e, portanto, a pessoa acompanhada. Esta conversa pastoral tem muito de saída e êxodo de si mesmo para permitir que a vida do acompanhado entre na do acompanhante e este possa se colocar à sua disposição em verdade e humildade, nada mais.

Em todos esses e tantos outros casos, se revela a verdadeira identidade do que é acompanhar. Cada palavra pronunciada pode se encher de significado e se converter em luz e esperança... ou ao contrário, pode soar como um clichê vazio que acrescenta mais incompreensão ao que está sendo vivenciado. Conversar é também aprender a calibrar os silêncios, às vezes como parte mais oportuna e necessária da conversa e em outras como reivindicações de algumas palavras que venham encher de ânimo, paz e quietude.

9.3. O Espírito Santo, Ecossistema da conversa

Antes de alguns tópicos sobre os quais se desenvolvem a conversa, contamos com um Contexto e com um primeiro Protagonista desse diálogo. O Espírito Santo é o Ecossistema no qual se desenvolve uma relação de acompanhamento. Sei que esta afirmação é muito solene, porém o que é surpreendente na vida cristã, vivida a partir desta chave da presença de Deus entre nós, é que o cotidiano está cheio de solenidade. Inácio de Loyola acreditava muito neste primado do Espírito e estava convencido de que o mais proveitoso é permitir que Deus tome a iniciativa na relação com a pessoa: "É mais conveniente e é muito melhor, ao buscar a vontade divina, que o Criador e Senhor se comunique à alma devota, atraindo-a ao seu amor e louvor e dispondo-a a seguir pelo caminho em que O poderá servir melhor no futuro"[5].

---
5. EE [15].

Jerônimo Nadal dizia de Santo Inácio: "Ele seguia o Espírito, não se adiantava a Ele; desta forma era conduzido com suavidade para onde não sabia [...], pouco a pouco se lhe abria o caminho e o ia percorrendo, sabiamente ignorante"[6].

Da perspectiva de quem acompanha pode ser fácil escorregar para a inclinação da autossuficiência e passar a acreditar que o que acontece nesta relação que se constrói na conversa pastoral possa depender exclusivamente da experiência e empatia psicológica, da formação acadêmica ou da virtude espiritual do acompanhante. Não há dúvida de que se alguns ou todos estes elementos (experiência, formação e virtude) estão presentes no acompanhante, a conversa será enriquecida e, portanto, a vida do acompanhado será mais iluminada na fé, fortalecida na esperança e enraizada na caridade. Porém estes três elementos (experiência, formação e virtude) podem se converter em inimigos poderosos se quem acompanha lhes atribui o errado status de protagonistas da experiência desprezando o único que a constrói e fundamenta, o Espírito Santo.

O sentido da conversa espiritual, por um lado, orienta o desejo do acompanhado para construir sua vida cada vez mais segundo a vontade de Deus, iluminado por sua fé e, por outro lado, expressa a vontade do acompanhante de contribuir com sua experiência, conhecimento e habilidade... para que o desejo do acompanhado seja preenchido. A conversa espiritual adquire significado cristão enquanto entendida como busca do Espírito no Espírito. Fora destas coordenadas construiremos outro tipo de relacionamento de conversa, muito válida também, porém não a conversa espiritual que aqui estamos estudando.

Vistos alguns dos elementos inspiradores da conversa pastoral, podemos agora comentar alguns de seus aspectos mais específicos.

---
6. FN II, 252.

Conversar é uma síntese harmônica de estar e falar. Mas estar como? E dizer o quê? Como se preparar para esta conversa? Como iniciar? Como desenvolver? Como terminar? Inclusive... existe algum modo de avaliar para seguir aprendendo?

9.4. O ambiente da conversa

Tendo o acompanhante se preparado, é importante também estar atento a alguns aspectos do contexto no qual se vai desenvolver a conversa. Estes aspectos podem contribuir muito para o bom resultado do encontro, ou, ao contrário, converter-se em causa desconhecida de um possível fracasso. Algumas destas condições se referem a elementos tão básicos como os seguintes.

a. *Um espaço acolhedor*

Pode acontecer que o desenvolvimento e o resultado de uma conversa não sejam os esperados por falta de atenção ao local em que ela acontece. Agora nos referimos ao espaço habitual para o desdobramento de uma conversa pastoral. Sabendo que pode ocorrer circunstâncias pontuais e extraordinárias é necessário abrir exceções e entender onde elas podem acontecer.

1. *Espaços a evitar.* Embora possa parecer demasiadamente óbvio de recordar, convém evitar cinco tipos de espaços para conversar:
   a. Espaços excessivamente íntimos ou domésticos, como uma cozinha, um quarto privado ou uma sala de estar aberta a outras pessoas.
   b. Espaços excessivamente formais, como um escritório ou local de trabalho.

c. Espaços excessivamente informais como um bar movimentado, uma cafeteria barulhenta, um local de festa.
d. Espaços excessivamente abertos que não favorecem um mínimo de intimidade e discrição: um salão de uma estação ou de um grande edifício.
e. Espaços inadequados porque estão muito próximos a corredores, salas de televisão, elevadores, banheiros...

2. *Espaço proporcional e aberto?* A sala para conversar deve ter espaço proporcional ao espaço que pode ser comodamente ocupado por duas pessoas. Se for muito grande resultará num local impessoal, frio que pode dificultar o mínimo de calor que a conversa precisa. Se for muito pequeno pode transmitir excesso de intimidade ou muita aproximação que pode ser desconfortável para uma das duas pessoas (ou para ambas).

Em algumas circunstâncias pode ser conveniente desenvolver a conversa pastoral num espaço aberto, como um jardim ou um parque.

Em primeiro lugar, de acordo com o perfil do acompanhado. Existem pessoas que se expressam melhor em espaços abertos, já que o fato de ter que permanecer sentado em uma poltrona em um espaço fechado em frente ao acompanhante lhe provoca algum desconforto e nervosismo. Nestes casos, pode ser melhor buscar um lugar apropriado pelo qual possam passear ou caminhar. Existem pessoas que também necessitam de espaço aberto para as primeiras conversas até que interiormente ganhem confiança em si mesmas e na pessoa que as acompanha. Em muitos casos será o cuidado do acompanhante que poderá perceber o que pode ser melhor e propô-lo ao acompanhado.

Em segundo lugar, pode ser conveniente que a conversa própria de alguns dias de retiro onde a pessoa passa várias horas do dia em locais fechados, como seu quarto ou capela, possa se dar em lugares abertos. Nestes casos, ou em outros que seja conveniente, há que se assegurar de que as condições destes espaços externos não sejam motivo de distração: a presença de conhecidos que possam interromper a conversa, cachorros soltos, moscas ou mosquitos, excesso de barulho ou de gente no mesmo lugar, tráfego, chuva...

O importante é não perder de vista a finalidade e favorecer uma conversa em que o acompanhado possa verbalizar a experiência que deseja compartilhar. Acompanhante e acompanhado decidem o que mais ajuda para atingir o fim que se pretende.

3. *Espaço decente*: ordem e limpeza, sobriedade e luz. Definidos o tempo e espaço em muito ajuda ambientar minimamente o local para a conversa: ordem, limpeza, decoração, luz. O espaço tem que ser suficientemente decente e convidativo (ao menos não provocar rejeição) para falar sobre a vida com paz e serenidade. Tendo ordem e limpeza, o próprio espaço deve transmitir confidencialidade e discrição. Deve ser um espaço que garanta o silêncio exterior da comunicação e, para tanto, estar suficientemente protegido para que nenhuma conversa seja ouvida do lado de fora.

Um espaço sóbrio na decoração que evite distrações, porém, ao mesmo tempo, seja acolhedor e aconchegante o suficiente. Neste sentido é importante também cuidar da iluminação: uma luz que evite a criação de um ambiente, digamos, intimista, por um lado, ou de um excesso de luz que possa, inclusive, incomodar os olhos. É conveniente que a porta da sala onde se desenvolve a conversa contenha um ponto de luz, de vidro transparente ou translúcido.

4. *Mobiliário cômodo: forma e disposição.* Poucas coisas são necessárias para manter uma boa conversa. Se ela vai se desenvolver num ambiente fechado (quarto, sala) é necessário dispor de um par de cadeiras suficientemente confortáveis. A escolha do tipo de um assento ou outro tem que se ter em conta estes dois critérios: comodidade e certa formalidade. As pessoas que conversam têm de estar bem cômodas enquanto dura a conversa: uma hora? Talvez um pouco mais? Por "formalidade" entendo um tipo de assento que favoreça uma postura corporal que transmita naturalidade e evite mostrar desinteresse ou excesso de confiança. Muitas distrações na conversa podem ter sua origem na reclamação da falta de conforto no corpo.

O tipo de assento é mais importante do que a princípio possamos pensar. Convém evitar tanto as estruturas muito rígidas e frias (como cadeiras da sala de jantar ou do escritório) como as de estrutura muito confortáveis e aconchegantes (como poltronas ou sofás amplos) que convidam a posturas pouco favoráveis para uma escuta atenta. O assento tem que ser confortável o suficiente para permitir manter as costas eretas com naturalidade, apoiada no encosto, descanso dos braços e que facilite a mudança de postura.

Ao longo dos meus anos de experiência como acompanhante e acompanhado, o tipo de assento que me é mais confortável e apropriado tem sido uma pequena cadeira suficiente para acomodar confortavelmente todo o corpo, mas sem permitir posturas muito "confortáveis" que causem distração.

Uma vez de posse dos assentos, como devemos dispô-los? Não convém colocar uma cadeira frente a outra, pois sugere ou convida mais a um "encontro de confrontação" – mais próprio para ambientes acadêmicos (exames), policiais ou penitenciários (interrogatório) –, que pode provocar certa tensão ou algum peso. Nem convém colocar os assentos em um ângulo de noventa graus; pode transmitir certa rigidez na disposição e favorecer que o olhar se desvie com mais frequência e espontaneidade para algum ponto na frente de cada um daqueles que falam e pode ser um pouco forçado a direcioná-lo para o interlocutor. Um ângulo de sessenta graus parece uma forma adequada para mim.

Para contribuir na formação de uma atmosfera apropriada ao tipo de conversa que acontece, convém também evitar a presença de uma mesa alta entre as pessoas que conversam. Uma mesa baixa pode ajudar, com alguma imagem ou fotografia que recorde o sentido da conversa e ofereça acolhida favorável ao ambiente.

b. *Distância para conversar*

Já dentro do ambiente onde acontecerá a conversa, temos que prestar atenção na distância entre os interlocutores e acertar qual é a mais adequada para manter uma conversa pessoal e confidencial. Todos nós convivemos com um "espaço pessoal" privado, que consideramos quase que necessário para ficarmos confortáveis na vida cotidiana; coloquialmente se conhece como "*espacio burbuja*"[7]. É necessário respeitar este espaço para que a conversa possa se desenvolver facilmente.

---

7. "Espacio burbuja" – espaço como bolha de ar, ou seja, espaço livre que gere bem-estar. [N. das T.]

Se as duas pessoas ficam demasiadamente perto uma da outra, pode transmitir um excesso de intimidade que pode incomodar algum dos interlocutores ou dificultar a conversa. Se se colocam muito longe uma da outra, pode produzir uma sensação de distanciamento e frieza. Este tipo de conversa acontece dentro de um "espaço pessoal" que oscila entre os 45 centímetros e 1,20 metros. O senso comum irá mostrar de forma sensata como proceder. A postura esperada durante o tempo da conversa é que permaneçam sentados, mas em situações extraordinárias algum dos participantes pode permanecer em pé, passeando ou inclusive, deitado (a saúde pode ser um destes motivos).

c. *Presença e aparência*

Há outras condições importantes relacionadas com as de espaço, como a presença e a aparência dos participantes da conversa, que pedem certa sobriedade e naturalidade. Quem recebe, o acompanhante, é alguém a quem o acompanhado vai confiando, de forma progressiva, os aspectos importantes de sua vida. O acompanhante deve se apresentar ao(a) outro(a) como alguém responsável, legítimo e confiável, com credibilidade e confiança, impressões estas que começam a entrar pelos olhos do interlocutor através da aparência exterior.

Por si mesma a vestimenta é um modo de comunicação. Quem acompanha deve evitar gerar ambiguidades no modo de se vestir o qual pode confundir o acompanhado. Neste sentido, é conveniente tender a um ponto intermediário natural e levar em conta a relação que se tem com essa pessoa, bem como sua idade, tradição etc. Não é o mesmo que receber um velho amigo para uma conversa pastoral (que pode permitir certa informalidade) que a uma pessoa desconhecida e condicionada a um determinado modo de viver e entender as relações humanas e "religiosas".

Portanto, é conveniente evitar os extremos. De um lado, trajes informais em demasia, pouco de acordo com a sensível seriedade que implica a relação de acompanhamento, pois demasiada informalidade pode transmitir pouca seriedade. De outro lado, também convém evitar trajes demasiadamente formais, que podem gerar distanciamento e frieza. Inácio de Loyola recomendava uma "honesta aparência exterior para as conversas que são exigidas em nosso instituto e no modo de vida com os outros"[8]. Sensatez e ponderação também nos parecem suficientes para integrar este aspecto importante na relação, pois cada situação pede um "traje linguístico".

d. *Acolhida, saudação inicial e início da entrevista*

A acolhida e o início da conversa são momentos importantes que podem condicionar o seu desenvolvimento para o melhor ou para o pior. Igual a aspectos que já comentamos, a saudação inicial deve situar-se entre os dois extremos apontados, por um lado a frieza e distância que pode impor um respeito desproporcional e, de outro, o excesso de proximidade ("coleguismo") que pode impactar na seriedade do encontro. A primeira impressão, principalmente nas primeiras conversas, é sempre muito importante. Em certas ocasiões, há quem decida não continuar conversando com esta ou aquela pessoa devido a uma primeira impressão insatisfatória.

Reconhecendo que de acordo com as circunstâncias e pessoas sempre podem ocorrer exceções, a conversa percorre três momentos importantes: início, desenvolvimento e conclusão. Atento ao correr do relógio, o acompanhante tem que estar consciente

---

8. Inácio de Loyola para Pe. Urbano Fernandes (Roma, 1 de junho de 1551), in *Obras*, 809.

de como discorre a conversa por estes três momentos, concedendo a cada um deles o tempo necessário. O momento da introdução, incluindo o cumprimento inicial que acabamos de referir, pode constar destes dois elementos:

    a) Breve momento de conversa informal enquanto as pessoas se sentam e se preparam para a conversa: como foi o dia, rápida referência a alguma notícia da atualidade..., palavras que ajudam a gerar certo ambiente e facilitar entrar no segundo momento.

    b) Uma resumida referência à última conversa de modo que permita recordar os últimos temas comentados e ajude a situar os dois interlocutores num ponto comum de começo. Dados estes curtos passos introdutórios, a conversa pode seguir por onde o acompanhado se sinta mais oportuno orientá-la, seja avançando e aprofundando em tópicos da conversa anterior ou introduzindo novos.

e. *O término da conversa*

O término e a despedida da conversa também são momentos importantes. O acompanhante deve contar com a dedicação de alguns minutos para encerrar a conversa. Isso implica orientar para um fechamento suave e calmo que não implique num corte brusco do encontro. Fechar o encontro de forma precipitada ou descompassadamente pode levar a pessoa a questionar tudo o que foi conversado. Dependendo do tipo de relação em questão, duas coisas podem ajudar: a) orientar algum tipo de trabalho sobre algum ponto concreto para o tempo até a próxima conversa; oferecer um breve sumário dos principais pontos da conversa, pontos a retornar no próximo encontro... b) Convém já marcar uma próxima data ao final da conversa? Em alguns casos pode ser conveniente e prático, mas sempre quando apareçam situações particulares e dependendo do tipo de encontro que se trate. Numa relação de acompanhamento espiritual já formalizada e com conversas rotineiras é prático, porque as duas pessoas já esperam que haja uma próxima reunião. Depois de uma conversa pastoral, digamos mais esporádica, pode ser melhor deixar em aberto tanto a possibilidade de um próximo encontro quanto sua possível data e aguardar que a pessoa acompanhada seja quem tome a iniciativa do futuro contato. Algumas pessoas podem se sentir pressionadas ao fixar uma data, pois pode ainda não ter claro se deseja ou não outro encontro, e preferem não dizer neste momento. Ou, ao contrário, podemos encontrar pessoas que o que mais lhes ajudam e convém é já, neste momento, marcar a data do próximo encontro e é bem possível que o peçam.

Entre um encontro e outro é conveniente manter os papeis e, portanto, não favorecer contato ou vínculo que possam dar lugar a confusão com respeito a relação que se estabelece na conversa. Inácio recomendava "despedida rápida e gentil"[9].

9.5. O uso da palavra

O acompanhante deve estar atento para intervir acertadamente na conversa. Por *acertadamente* entendemos a capacidade de valorizar o que se vai dizer considerando as perguntas que a constroem: O que vou dizer? Por quê? Para que? Como? Para um uso apropriado da palavra e antes de pronunciá-la, o acompanhante deve tentar ser lúcido tanto com a origem dessas que neste momento se sente inclinado a dizer como com a intenção,

---

9. Inácio de Loyola aos jesuítas enviados para a Irlanda (Roma, setembro 1541), in *Obras*, 677-679.

o "para que" vou dizer isso. Em certas ocasiões pode acontecer que algo que nos pareça espontaneamente conveniente a ser dito já não pareça assim depois de considerados o porquê ou o para que queremos dizê-lo.

Como acompanhantes, podemos pensar em intervir na conversa por razões diversas daquela que o roteiro pede: por se sentir referido em algum ponto, por divergir de uma posição (ideia ou opinião) do acompanhado, entendendo que este pode estar equivocado em tal ponto... Não são "más" razões em si mesmas, porém podem ser insuficientes para interromper a fala do acompanhado e condicioná-lo com colocações pessoais. Portanto, é conveniente que o uso da palavra do acompanhante seja previamente iluminado por estas perguntas que em silêncio favorecerão com naturalidade. Atenção e prática revisada ajudam a integrar este importante elemento na conversação espiritual.

A palavra do acompanhante, em geral, tem muito peso na vida do acompanhado. A pessoa que faz o acompanhamento espiritual vai falar sobre si mesma sem dúvida, mas também espera receber alguma palavra por parte do acompanhante que lhe sirva de apoio, luz ou inspiração cristã para continuar seu seguimento pessoal de Cristo. Por isso é muito importante aprender saber *quando e como* falar, pois nem tudo convém no mesmo momento, nem da mesma forma a todas as pessoas. Inácio de Loyola recomendava captar o tipo de perfil ou "natureza" do interlocutor para adaptar-se, "fazer-se como ela"[10].

O importante é que o acompanhado vá fazendo seu próprio processo, percorrendo seu próprio caminho e, portanto, descobrindo, desde sua própria experiência, o que Deus vai trabalhando nele. Para isto é importante que o acompanhante seja consciente daquilo que se sente inclinado a falar e tenha lucidez suficiente

---

10. Ibid., 678.

para avaliar sua intervenção antes de colocá-la e de decidir o momento e a forma mais adequada de fazê-lo a fim de ajudar o acompanhado. O que Inácio recomenda na sexta das "Notas para sentir e entender os escrúpulos" quando numa assembleia ou concílio, pode inspirar o modo de proceder numa conversa espiritual:

A sexta: quando uma pessoa boa quer dizer ou fazer alguma coisa dentro da Igreja e das tradições de nossos maiores, para glória de Deus nosso Senhor, se lhe vem um pensamento ou tentação de fora, para que não diga nem faça essa coisa, trazendo-lhe razões aparentes de vanglória ou de outra coisa etc., então deve levantar o pensamento a seu Criador e Senhor. E se vê ser um serviço que lhe é devido, ou ao menos, não lhe é contrário, deve agir de maneira *diametrum* oposta contra essa tentação[11].

---

11. EE [351]: sobre pensar no que se vai dizer.

10
Conversar para discernir

"Para dizer a verdade, pouca eloquência basta".
SÓCRATES

A relação de acompanhamento não se reduz exclusivamente ao discernimento, ou seja, a ajudar a pessoa acompanhada a vislumbrar/buscar a vontade de Deus para sua vida neste ou naquele momento ou circunstância. No entanto, a mesma experiência coloca em evidência que o discernimento antes ou depois se fará presente de modo explícito em algum lugar do itinerário do acompanhado: ter que decidir e desejar decidir bem (para nós segundo a luz do Evangelho) é desejo de todo seguidor do Senhor Jesus. Mais cedo ou mais tarde surgem questões e temas de importância diversa que hão de ser vislumbrados, esclarecidos à luz do Espírito Santo, à luz de Deus. É aí que nos encontramos com o discernimento.

10.1. Discernir e discernimento

O que é discernimento? Sabendo que as coisas podem ser e são quase sempre mais complexas do que parecem, podemos definir o discernimento como "o exercício espiritual no qual, através da percepção e interpretação das moções (sentimentos, desejos, pensamentos...) interiores, a pessoa pode chegar a conhecer a vontade de Deus para sua vida e demandar com lucidez a sua liberdade para segui-la, fazendo-a eficaz na história".

Desenvolver cada um dos elementos que compõem esta definição excede as possibilidades deste livro, porém tê-los presentes e voltar a eles em algum momento ajudará nossa exposição.

Acompanhar discernindo ou discernir acompanhando consiste em ajudarmos uns aos outros a descobrir a presença de Deus em nossa vida, interpretar sua vontade e mover nossa liberdade para dar-lhe cumprimento na história. É ir em busca da verdade.

Como acompanhantes, a busca de Deus e de sua vontade na vida desta pessoa acompanhada nos leva a compreender como participantes ativos e diligentes. O Espírito Santo habita dinamicamente nos corações dos homens e esta presença é energia, movimento, "moção" que pede atenção e disposição atenta para detectar e interpretar suas formas de presença.

Discernir é uma operação do espírito que reclama exercício e trabalho, pois muitas são as atividades da estrutura humana que se coloca em movimento para construir esta atividade que chamamos "discernimento". Sem sairmos da metodologia e proposta de Santo Inácio, encontramos não poucos verbos, não poucas atividades diretamente relacionadas com o exercício de discernir: *olhar, observar, escutar, detectar, sentir, ponderar, orar, silenciar, esperar, comparar, analisar, criticar, valorar, julgar, corrigir, verbalizar, compartilhar, refletir, reagir, repetir, confirmar...*

10.2. Atitudes e ações básicas no processo de discernimento

Acompanhar um processo de discernimento na relação de acompanhamento é tarefa delicada, importante e qualificada. O acompanhante há de ser consciente, assumir e, se for necessário, trabalhar uma série de atitudes internas próprias para o bem do acompanhado, de sua comunidade de fé e, em definitivo, da Igreja.

Como "ministério", acompanhar tem uma dimensão carismática/antropológica e uma dimensão eclesial/institucional. Existem perfis humanos, psicológicos e espirituais mais dados ao ministério de acompanhamento e há também os menos propensos. Tem pessoas que o realiza de forma mais natural e com facilidade e outras pessoas que lhes custa mais e lhes requer maior esforço. Junto com esta dimensão pessoal/vocacional está também a dimensão institucional, que acontece quando o ministério de acompanhar é recebido como missão por parte de autoridade legítima da Igreja. Desta forma, alguém pode ser designado como acompanhante de tal movimento, comunidade, seminário ou grupo de fiéis e tal designação pode levar implicitamente o trabalho de acompanhamento espiritual pessoal.

a. *Delicadeza, importância, qualificação*

Discernir é uma tarefa delicada. Implica sensibilidade e atenção à linguagem do Espírito, que fala e se comunica por meio de muitas outras linguagens, sinais e vozes que normalmente rodeiam toda a pessoa em sua vida diária, tanto externa como internamente. A delicadeza e sutileza da brisa do Espírito requer por parte do acompanhante um espírito delicado e sutil capaz de criar empatia com a interioridade rica, complexa e em certas ocasiões convulsionadas do acompanhado. É, portanto, responsabilidade do acompanhante trabalhar por desenvolver sua sensibilidade e delicadeza internas, sua escuta e atenção, sua "sutileza" e sentidos internos para no possível detectar e identificar as moções interiores do acompanhado.

Discernir é uma tarefa importante porque em um processo de discernimento está implícito uma decisão que pode ter algumas repercussões muito significativas para a pessoa acompanhada, até o ponto de reorientar e alterar, inclusive radicalmente, o rumo de sua vida. O acompanhante, ainda que dedique muitas horas por dia ao acompanhamento com diversas pessoas, não pode perder de vista esta dimensão original de cada uma das conversas. Cada conversa é única, irrepetível, nova e, talvez, pode ser a mais importante para o acompanhado.

Por isso, discernir e ajudar a discernir são tarefas que requerem qualificação. A experiência nos ensina que só a boa intenção acompanhada de bons desejos de querer ajudar e fazer o bem através do acompanhamento tem se revelado como insuficiente para desenvolver com certa profundidade e veracidade este ministério.

A importância que adquiriu o acompanhamento espiritual como um ministério qualificado dentro da Igreja é crescente e relativamente recente. Os círculos intraeclesiais tomaram consciência da responsabilidade sobre o valor do conteúdo que é "posto em jogo" ou "colocado em mãos alheias" num processo acompanhado de discernimento espiritual. Por isso, a formação explícita sobre este tema começou a ser introduzida nas instituições apostólicas. Embora ainda haja um longo caminho a percorrer, os centros nos quais se dá algum tipo de formação teológica ou pastoral começam a oferecer entre os seus programas uma formação sistemática em acompanhamento espiritual por meio de seminários, disciplinas acadêmicas ou mesmo em mestrados de pós-graduação.

Há muitos benefícios que se pode obter através de um bom acompanhamento..., mas também é grave o mal que se pode causar, inconscientemente ou involuntariamente, devido à ausência de uma preparação mínima supervisionada para este ministério.

Vejamos então algumas das disposições básicas que favoreceriam um "são e bom"[1] processo de discernimento no percurso do acompanhamento pessoal.

b. *Reta intenção*

Inácio de Loyola fundamenta o desenvolvimento da experiência espiritual do exercitante em um objetivo muito claro e em uma "atitude básica" que se repete até a saciedade nos *Exercícios Espirituais,* ou seja, a reta intenção: "Que todas as minhas intenções, ações e operações sejam puramente ordenadas ao serviço e louvor de sua divina Majestade"[2]. É de grande proveito para o acompanhante trazer esta máxima no início de cada acompanhamento, que sem dúvida contribuirá para ordenar internamente o mundo de suas intenções e desejos para redirecioná-los e ordená-los todos à vontade e serviço de Deus nosso Senhor.

Acompanhar um discernimento implica orientar e ordenar as faculdades internas exclusivamente à busca de Deus e sua vontade. Esse é o fim que ilumina o caminho. Outros fins e outras orientações hão de se integrar à finalidade primeira para não prejudicar a relação de acompanhamento ou, o que seria mais grave, a pessoa acompanhada.

O fim está frisado no "Princípio e Fundamento" dos *Exercícios Espirituais*: "O homem é criado para louvar, reverenciar e servir a Deus nosso Senhor"[3]. Esta máxima teológica e *teológica* é de grande utilidade para a relação de acompanhamento espiritual: se trata de ajudar a pessoa em seu discernimento a encontrar seu lugar mais adequado neste mundo e na história, o

---

1. EE [175].
2. EE [46.65.91.101] *passim.*
3. EE [23].

lugar a partir do qual o louvor, o serviço e a reverência desta pessoa acompanhada fluam com maior liberdade e espontaneidade. O acompanhante aponta e olha com o acompanhado para aquele horizonte comum: definitivamente, a "glória de Deus", que Deus viva no homem.

É nesses horizontes de significados e propósitos inspirados pelo Princípio e Fundamento e a oração preparatória em que se compreende toda palavra que sai da boca do acompanhante: palavra consumada, palavra inspiradora e construtiva.

c. *Respeito*

Nesse processo de discernimento, o acompanhante há de se diferenciar pelo respeito. Ele deve discernir como o afeta esta necessária atitude de respeito, a qual tem que interagir com outras atitudes limítrofes que veremos a seguir. O "respeito discreto ou respeito discernido" integra dois polos.

Por um lado, há de ser tal que permita ao acompanhado desenvolver com liberdade seu próprio processo, bem como se expressar sem medo ou condicionamento que possa ser atribuído à pessoa do acompanhante. Por outro lado, há de permitir a quem acompanha intervir na conversa quando entenda que seja conveniente ou necessário para o bem do acompanhado, conforme vimos no capítulo anterior. Quando Inácio de Loyola desenvolve nos *Exercícios Espirituais* sua metodologia para fazer uma sã e boa eleição[4], ou seja, no momento chave do discernimento no processo dos Exercícios, Inácio aconselha a quem os dá: "O que dá os exercícios não deve mover quem os recebe a escolher o estado de pobreza ou a fazer alguma promessa, de preferência a outra, nem a escolher um estado ou gênero de vida em lugar de

---

4. EE [176].

outro"[5]. Isto é, há de respeitar ao máximo a moção e os ritmos internos do acompanhado, onde cremos que o Espírito está desvelando sua vontade.

d. *Libertação do juízo e do afeto*

Uma das dificuldades, inclusive impedimentos, que podem barrar um saudável processo de discernimento vem caracterizada pelos "juízos prévios" ou pré-juízos que o acompanhante pode ter pela pessoa acompanhada. Estes pré-conceitos podem ser positivos ou negativos, favorecendo uma compreensão positiva, às vezes desproporcionalmente positiva, do acompanhado ou, ao contrário, favorecendo um olhar negativo deste. Se o acompanhante não é lúcido (consciente) destes julgamentos prévios que de pronto estão condicionando a relação de acompanhamento, os pensamentos que irá projetando e as possíveis interpretações de sua situação estarão por sua vez impregnados pelo prévio julgamento. Muito provavelmente, estes juízos acabarão se mostrando na conversa através de palavras influenciadas por este condicionamento prévio e alheio à pessoa, situação e problemática do acompanhado.

Portanto, é tarefa prévia e irrenunciável do acompanhante cair em conta de qual julgamento/avaliação prévia (se houver) ele tem da pessoa que acompanha e aprender a se distanciar cognitiva e afetivamente desses preconceitos para acompanhá-la com maior liberdade.

Estar condicionado, tanto por pré-julgamentos negativos (pessoas difíceis para o acompanhante ou com quem "ele não simpatiza") bem como pré-julgamentos positivos (pessoas agradáveis com quem "ele simpatiza"), e deixar-se levar por isto, pode resultar problemático para a relação. A ingenuidade acrítica do

---

5. EE [15].

acompanhante pode provocar a tendência a identificar seus preconceitos negativos em relação ao acompanhado com o "mau espírito", e o preconceito positivo com o "bom espírito". O acompanhante tem de ser consciente de que o Espírito Santo é maior que seus pensamentos e avaliações das pessoas e não está sujeito aos seus próprios limites empático-afetivos. Deus transcende a possível pobreza de nossas prévias e condicionadas hermenêuticas. Isto não dispensa o acompanhante de prestar atenção a todo o momento às "várias moções"[6] que ocorrem em seu interior ao acompanhar uma pessoa e buscar a origem do que as provoca[7] para melhor em tudo ajudar o acompanhado.

e. *Prudência*

Desde sua própria experiência de "ensaio-erro", Inácio de Loyola foi aprendendo a não identificar de maneira espontânea seus próprios impulsos internos com a vontade de Deus, a qual desejava encontrar e cumprir. Não lhe foi fácil e alguns dos episódios mais importantes de sua vida, como a sua viagem para Jerusalém, precisamente o ensinou algo disto: "O que eu vejo claramente como vontade de Deus para minha vida, a história e as circunstâncias me revelam que não é, ou não é da maneira que eu pensava". É interessante notar que a expressão *vontade de Deus* não aparece na *Autobiografia* até o parágrafo 50, para expressar como o peregrino entendeu que "não era a vontade de Deus que permanecesse em Jerusalém"[8].

No processo de acompanhamento, *prudência*, prima-irmã da *paciência*, significa a capacidade de saber esperar para ponderar

---

6. EE [313].
7. EE [32].
8. Au [50].

e analisar a qualidade do impulso interno que me leva a fazer algo "no nome do Senhor". Como nos fala Inácio de Loyola sobre a prudência no acompanhamento?

Se o que dá os exercícios (acompanhante), vê que o exercitante (acompanhado) está consolado e com grande fervor, previna-o para não fazer promessa nem voto algum inconsiderado e precipitado. E quanto mais reconhecer nele um temperamento instável, tanto mais o deve prevenir e acautelar[9].

O acompanhante, mantendo a distância necessária para acompanhar com lucidez o processo do acompanhado, deve estar ciente, em primeiro lugar, dos estados de ânimo e espiritual do acompanhado. Neste parágrafo dos *Exercícios*, Inácio se refere à pessoa que está em um momento de otimismo notável e objetivo, acompanhado, talvez, de um aumento de autoestima.

É em momentos como este, que as pessoas encorajadas por estes sentimentos geradores de vida ficam mais propensas a tomar grandes e importantes decisões. O perigo é que desse sentimento positivo possa fluir uma energia capaz de obscurecer a lógica do racional e do razoável, "para mim, neste momento e nas circunstâncias de minha vida" (diria o acompanhado). Devemos desconfiar e, portanto, descartar qualquer projeto ou iniciativa que nasce desses momentos de ilusão e de consolação explícita? Não. O princípio inaciano não vai por este caminho. De fato, Inácio em seu próprio processo tomou decisões baseando-se nestes sentimentos vivificadores. A chave, creio eu, está que, seja qual seja a decisão que se tome, esta seja uma decisão discreta, isto é, discernida. O princípio inaciano, em vez de máximas universais

---

9. EE [14].

que impõem um critério a decisões particulares, irá sempre ligado à análise religiosa da situação particular e a partir dela tomar a melhor decisão.

Sem essa análise (cuja ausência Inácio chama de "indiscrição"), a liberdade fica um tanto diminuída e subordinada pelo impulso da emoção positiva que o acompanhado está sentindo. Isto o faz perceber o mundo pela perspectiva de sua decisão como menor e mais conquistável em comparação ao desproporcional ânimo e autoconsciência de si mesmo, intensificados por sua agradável sensação. Algo assim aconteceu com ele em Loyola quando, pensando nas proezas que os santos haviam feito, "parecia-lhe fácil fazê-las": o sentir não analisado (não discernido) estava desproporcionalmente avolumando a percepção de si mesmo, enquanto a do mundo diminuía. Se não acendermos a luz da discrição nessas situações, o risco de errar se multiplica. Eu diria que o erro está praticamente assegurado.

Na relação de acompanhamento, o que deve fazer o acompanhante? Chamar a prudência ao cenário da decisão e fazê-la agir como mediadora entre o humor exagerado do acompanhado no auge de sua autopercepção e o ambiente de sua decisão, diminuído artificialmente pelo sentir da consolação. A prudência dirá, tão delicadamente quanto a habilidade do acompanhante seja capaz, algo assim: "Nem você é realmente tão capaz como está imaginando agora, nem o mundo é tão pequeno e tão simples como você agora o coloca".

A prudência aparece então como a sensata mediadora entre a vontade de decisão do acompanhado e o objeto sobre o qual ele tem que decidir. Então, o acompanhante prudente será aquele que ajude seu acompanhado a recuperar a proporção real dos dois termos da dialética (sujeito e mundo). A decisão ocorre na história tal qual como ela é e não no sentir de qualquer orientação que nos oferece representada (consolação/desolação).

Aprendendo com a experiência, o acompanhante vai se familiarizando com este senso de proporção e aprende a ir se habituando aos diferentes perfis psicológicos nos quais Deus fala de diversas maneiras. Se Deus se adapta às categorias e estruturas internas dos acompanhados, não é demais que o acompanhante também pratique tal adaptação. Isso abre a porta para nossa próxima atitude ou qualidade como acompanhante.

f. *Adaptação e flexibilidade como "estratégia pastoral"*

O processo de acompanhamento convoca a capacidade do acompanhante para adaptar-se a diferentes interlocutores e, portanto, certa flexibilidade no método e na linguagem. Aqueles de nós que passaram pela experiência podemos ver facilmente que não é o mesmo que acompanhar, por exemplo, adolescentes do ensino médio do que a jovens universitários em fase final de seus estudos, jovens religiosos ou seminaristas do que a leigos, sacerdotes ou religiosos adultos em plenitude de vida apostólica.

Também não é o mesmo acompanhar a mesma pessoa em fases diferentes ou circunstâncias de sua vida, às vezes tão mutáveis e até contraditórias. Também é certo que um acompanhante pode "especializar-se" em um determinado perfil de acompanhado: adolescentes que pensam que carreira escolher para sua vida futura, estudantes universitários com inquietação vocacional, adultos em plena fase profissional de sua vida, idosos aposentados que estão enfrentando a velhice imediata.

Mesmo com esta especialização, no caso em que ela possa acontecer de maneira fiel, o acompanhante deve estar preparado e treinado para flexibilizar e adaptar sua linguagem. Por vezes, até mesmo o seu estilo de falar, dependendo da pessoa acompanhada que está à sua frente, tem que ser adequada sem, contudo, perder a solidez e a consistência do seu método de acompanhamento. Do que se trata é atingir o melhor bem possível, a melhor forma de ajudar os outros.

10.3. Cinco passos para acompanhar um processo de discernimento

Um processo de discernimento inspirado no itinerário dos *Exercícios Espirituais* poderia integrar esses cinco passos, seguindo esta ordem cronológica:

a. *Definição e delimitação do objeto*

Se a relação de acompanhamento se origina e se centra em um processo de discernimento, o primeiro passo, por mais óbvio que possa parecer, é torná-lo explícito. Qual é o objeto do discernimento? Em que se centra a decisão que se quer tomar? Ao redor desde "que" podem aparecer outros temas que ajudem a colocar um contexto a esse discernimento: "por que este objeto de discernimento agora, neste momento de minha vida?", "o que existe em minha vida que favorece, provoca ou chama este discernimento?", "de onde vem esta inquietude aqui e agora?".

b. *Lucidez sobre as afeições desordenadas*

Como sabemos, o conceito de "afeição desordenada" é muito rico e complexo. Para Inácio é importante, e o inclui na mesma definição de seus *Exercícios Espirituais*: "para vencer a si mesmo e ordenar a própria vida sem se determinar por nenhuma afeição desordenada"[10]. Inácio conta com a presença de afetos ou tendências

---

10. EE [21].

desordenadas na interioridade humana, com "coisas" que não estão retamente ordenadas em seu serviço e louvor, porém conta também com a graça do Espírito e com os meios necessários para reconhecê-las e, em seu caso, eliminá-las.

Os afetos desordenados são, antes de tudo, afetos. E, por isto, nem sempre detectados à luz da razão ou da lógica do entendimento. Podem habitar no reino do inconsciente e de lá exercer sua influência para dificultar um seguimento de Cristo em liberdade e responsabilidade. Acompanhar um processo de discernimento não pode ingenuamente prescindir deste elemento.

Ao longo do processo dos Exercícios Espirituais, Inácio vai oferecendo diversas formas de localizar e, em seu caso, enfrentar possíveis bloqueios de discernimento: o intenso processo da primeira semana em torno da meditação do pecado, a contemplação dos mistérios da vida de Cristo, o enraizamento do método da eleição com "Duas bandeiras", "Três classes de homens", "Três tipos de humildade", a força da contemplação da paixão de Cristo ou a "Contemplação para alcançar o amor" são ferramentas muito válidas para detectar e, em seu caso, reagir contra os afetos desordenados.

A arte e a perícia do acompanhante se revelam em sua capacidade de entrever estes condicionamentos paralisantes do discernimento e em sua capacidade para ajudar o acompanhado com perguntas, comentários, contrates, propostas... que lhe facilite entrar mais profundo no âmbito de suas verdadeiras motivações e desejos que deles possam surgir. Santo Inácio nos oferece alguma recomendação sobre como acompanhar estes afetos? Não muito. A anotação [16] dos *Exercícios* comenta vários pontos: 1) Há um afeto por algo, um afeto detectável e reconhecível. 2) Esse afeto é julgado como "desordenado" porque se reconhece que não está orientado para o serviço de Deus, mas para seu próprio benefício e interesse temporal. 3) Recomenda-se inclinar-se para o oposto com orações e outros exercícios espirituais para poder ordenar o desejo e o afeto. Abaixo oferecemos uma apresentação do texto de acordo com sua estrutura interna que nos ajuda a melhor entender o longo e complicado parágrafo inaciano:

1. Se porventura tal pessoa estiver afeiçoada e inclinada a uma coisa desordenadamente,
   convém muito mover-se,
      empregando todas as suas forças,
   em chegar ao contrário daquilo a que se vê afeiçoada;
   se estiver *afeiçoada* a procurar obter um ofício ou benefício,
      não pela honra e glória de Deus nosso Senhor,
      nem pelo bem espiritual das almas,
      mas por seu próprio interesse e vantagens temporais,
   deve procurar *afeiçoar-se* à resolução contrária,
      insistindo em orações e outros exercícios
         espirituais, e
      pedindo a Deus nosso Senhor o contrário,
         a saber,
      que não quer tal ofício, nem benefício nem qualquer outra coisa,
      que sua divina majestade,
         ordenando-lhe os seus desejos,
      mude-lhe as primeiras afeições.

De forma que a causa de *desejar* ou conservar uma coisa ou outra, seja unicamente o serviço, honra e glória de sua divina Majestade[11].

Neste parágrafo as palavras *afeto/afetar-se* e *desejo/desejar* aparecem sete vezes. Inácio está convencido de que é possível

---

11. EE [16].

detectar e reagir com liberdade e determinação ("colocando todas as suas forças") frente estes afetos desordenados. Ou seja, é possível alcançar certo nível de lucidez (entendimento) sobre a desordem interior (vontade) e, em consequência, pedir a Deus a graça para ser ordenado. Inácio crê que é Deus, "sua divina majestade", quem ordena os afetos e desejos, contando com a firme determinação de quem se exercita.

Um processo de discernimento terá fundamento suficiente rumo a uma saudável decisão se se liberou não tanto destas afeições, mas sim das influências que estes afetos possam produzir no discernimento. Agora, acompanhar consiste em ajudar a iluminar e verbalizar as coisas para as quais o exercitante está afeiçoado desordenadamente e em incentivar um itinerário de oração que favoreça o processo de reordenamento para "serviço, honra e glória de sua divina majestade".

c. *A atitude básica de indiferença*

Conhecidos e detectados possíveis condicionantes ou bloqueios, um terceiro passo é favorecer uma atitude de indiferença, algo muito relacionado com a reta intenção que já comentamos:

devo ter bem presente o fim para que fui criado,
a saber
louvar a Deus nosso Senhor e
salvar a minha alma e
além disso, ser *indiferente,* sem nenhuma afeição
desordenada.

De forma que não esteja mais inclinado ou afeiçoado
a escolher o objeto proposto do que a deixá-lo,
ou mais a deixá-lo do que a escolhê-lo,

achando-me em equilíbrio, como o fiel da balança
a fim de seguir aquilo que sentir para maior glória e louvor de Deus[12].

Como acompanhar para a indiferença? A indiferença é uma graça? Sim, ela é. Pode-se pedir e trabalhar para que apareça um ambiente de liberdade para a tomada de decisão. Lucidez, oração e um proporcional e discernido *agir contra* pode favorecer a conversa sobre este tema, escutando o acompanhado e animando-o em sua oração.

Não se trata de pretender suprimir "magicamente" o afeto que reconhecemos como desordenado, mas sim de detectá-lo e impedi-lo de influenciar a liberdade interna que o processo de busca da vontade de Deus e seu cumprimento exigem.

d. *A escuta do que Deus quer*

Este é um dos pontos mais originais da contribuição de Inácio para a história e tradição do discernimento. Deus se comunica e essa comunicação tem uma linguagem. As "palavras" de Deus se chamam "moções", movimentos internos que se revelam através de sentimentos, desejos, fantasias, temores, ilusões, pensamentos... O acompanhado compartilha estes movimentos internos, estes ecos que a meditação e a oração sobre seu objeto de discernimento provocam em seu interior. Desejos, temores, ilusões, alegrias, tristezas, securas... O conhecimento e a análise destes movimentos irão pouco a pouco iluminando uma decisão em torno do objeto que as causa.

Inácio de Loyola estava convencido de que esses movimentos se produzem na alma. A alma para Inácio é o lugar religioso

---

12. EE [179].

da estrutura humana, onde Deus se comunica. Para Inácio, afirmar que de fato se dá alguma experiência espiritual consiste em verificar se se dá algum tipo de moção. O discernimento consistirá em detectar estes movimentos e analisá-los tendo em conta, principalmente, estes quatro pontos: sua origem (*de onde* vêm?), sua natureza (*que* são?), sua tendência (*para onde* orientam minha liberdade?) e seus efeitos (*como* me deixam?). Ao final terá que avaliá-los e ver que tipos de influência exercem sobre o objeto de decisão.

Para Inácio de Loyola, quando um número suficiente de moções reconhecidas como boas orientam e movem a liberdade para um mesmo horizonte é sinal de que Deus nos está pedindo que nos movamos nessa direção e tomemos a decisão sob esta influência.

e. *Confirmação do re-conhecido como vontade de Deus*

Segundo a proposta inaciana, uma decisão não é tomada até que se confirme, ou seja, até que se tenha experiência interna serena e profunda de consolação de que esta eleição é querida por Deus[13]. Estritamente falando, sendo fiéis à expressão e pensamento de Inácio, o protagonista principal da eleição é Deus. A pessoa não escolhe o que deseja e depois pede a Deus que o confirme, ao contrário, se trata de escolher o que intuímos e concluímos que Deus escolheu para nós e, antes de colocá-lo em prática, desejamos confirmá-lo: é a "divina majestade quem *recebe e confirma* a eleição feita".

Nisto consiste reconhecer, em reler minha experiência de Deus como experiência de Deus em mim: Ele o fez. Para Inácio, reconhecer é sempre um verbo religioso. É a operação do espírito

---

13. EE [183].

que, voltando para a memória, vai des-cobrindo a presença de Deus onde até então havia passado des-apercebida. A expressão da petição da "Contemplação para alcançar o amor" é muito ilustrativa: "Para que eu, inteiramente *reconhecendo* [o bem recebido], possa em tudo amar e servir sua divina majestade"[14].

Esta confirmação consiste em dar um tempo para sentir e experimentar na oração que em verdade Deus quer e deseja "isso para mim". Este *sentir* há de se revelar como consolação em algum de seus variados modos de aparecer[15].

---

14. EE [233].
15. EE [316].

11
A estrutura interna da conversação pastoral

Se com "um olhar de pássaro" (ou "de drone", diríamos hoje) pudéssemos sobrevoar uma conversa pastoral, veríamos, sobretudo, duas pessoas conversando calma e amigavelmente. Essa paisagem nos convidaria a concluir que se trata de um momento em que as coisas fluem com liberdade e espontaneidade. Essa conclusão teria sua parcela de verdade, mas não se trataria de toda a verdade. Uma série de elementos permanecem silenciosos ao longo da conversa, a partir dessa parte simples da história sempre invisíveis e por detrás da cena, contribuindo para o seu bom desenvolvimento.

11.1. Sua preparação

O resultado mais ou menos positivo de uma conversa pastoral pode ter grande relação com a dedicação que damos à qualidade da preparação. Sabendo que a vida é complexa e que os compromissos de agenda nem sempre facilitam superar as situações com a preparação e a calma que seriam desejáveis, antes de receber a pessoa que se aproxima para uma conversação espiritual, pode ajudar ter em conta os seguintes pontos.

a. *"Para onde vou e a quê?"*

A primeira coisa é perceber que tipo de encontro vai acontecer. Quando nos Exercícios Espirituais Inácio introduz o primeiro modo de orar, ele nos encoraja a considerar brevemente, antes de entrar na oração "considerando aonde vou e a quê?"[1]. Uma conversa de acompanhamento ou uma conversa pontual solicitada por uma pessoa em busca de luz sobre algum ponto de sua vida merece ser acolhida e desenvolvida a partir da chave teológica e espiritual que lhe dá sentido e significado. Cada tipo de encontro requer um particular saber estar presente: um tom, um tipo de intervenção, uma linguagem, uma formalidade[2].

É de grande ajuda para o acompanhante e para o desenvolvimento da conversação dispor de alguns breves momentos para trazer à consciência o ministério que se vai desenvolver e lhe conceder a importância que requer.

b. *"Trazer à memória"*

Fazendo eco da recomendação inaciana, "para onde vou e a quê", ajuda muito, antes de iniciar uma conversação, *trazer à memória* a pessoa que vamos receber. Isso pode ser feito em algum ponto ao longo do dia, relendo, se houver, algum tipo de anotação de reuniões anteriores ou, simplesmente, lembrando da vida que essa pessoa veio partilhando em encontros anteriores.

Teria ficado alguma questão pendente a ser abordada ou aprofundada? Existe alguma circunstância especial na vida da pessoa acompanhada que seja importante lembrar e mencionar na conversa? Trazer esta pessoa e sua situação concreta à memória

---

1. EE [239].
2. Cf. cap. 7, "As formas de conversação".

pode ser uma boa ocasião para rezar brevemente por ela e por sua situação, colocando-a assim, mais próxima de Deus, introduzindo-a no Ecossistema a que já nos referimos anteriormente. Pronunciar em silêncio uma simples oração de bênção pode ser suficiente para dar um sentido religioso a este "para onde vou e a que vou".

c. *Trabalhar a disposição interior*

Realizado este breve exercício de autoconsciência, muito ajudará à conversação que o acompanhante esteja cônscio de sua própria disposição interior[3], com um breve exercício de concentração que lhe esclareça como se encontra e onde se vê em relação a esta entrevista e a esta pessoa. Neste momento, ajudará tentar localizar tudo o que possa condicionar ou ameaçar uma escuta atenta, livre de preconceitos e a mais objetiva possível.

Esses possíveis condicionantes podem ser tanto negativos (cansaço, preguiça, aversões, dificuldades, medos...) como positivos (ilusões latentes, expectativas, emoções despertadas por notícias recebidas alheias à entrevista...). O acompanhante deve identificá-los e colocá-los, interiormente, em seu devido lugar para impedir que influenciem de alguma forma o exercício de escuta ou que distorçam o valor ou o conteúdo da comunicação.

Nesse sentido, a conversação tem suas doses de ascetismo, pois o que se pede ao acompanhante é que tente adiar tudo o que internamente possa estar condicionando-o, e fazer do outro, de sua vida e suas circunstâncias, da maneira mais livre possível, o único centro de sua atenção. O outro é, aqui e agora, o mais importante, esse outro tão olhado, cuidado e amado por Deus, que precede em importância e significado os julgamentos ou preconceitos que o acompanhante possa estar fazendo em relação à

---

3. Cf. cap. 8, item 8.2.a, "Encorajar a disposição interior".

pessoa ou às circunstâncias do acompanhado. Inácio recomendava "não olhar para o meu conforto, mas trazer-me ao conforto e condição da pessoa com quem eu quero tratar."[4]

d. *Incentivar a consideração positiva*

"Todo bom cristão deve estar mais pronto a salvar a proposição do próximo do que a condená-la."[5] Outra grande ajuda para a conversa de acompanhamento, antes de começar, consiste em que o acompanhante trabalhe a sua própria motivação para que a escuta seja a mais honesta possível. Trata-se de investir alguns momentos na valorização positiva da pessoa com quem vai se encontrar, sem que isso implique fechar-se para ver os problemas ou limitações que possam vir à tona. Se nos deixarmos inspirar no exercício da contemplação inaciana, seria uma questão de "ver com os olhos da imaginação[6] de como Deus olha para essa pessoa e suas circunstâncias" e pedir a graça de somar-se ao olhar bondoso de Deus sobre ela.

Não se trata, de alguma forma, de não ver ou não querer ver problemas ou conflitos que possam surgir ou que já tenham surgido, mas pedir a graça de poder abordá-los a partir da bondade, misericórdia e liberdade próprias do Espírito. Se trata de um exercício para favorecer uma reta intenção: ouvir com liberdade o acompanhado a partir do que ele é e a partir de onde está "aqui e agora", tentando superar possíveis preconceitos ou ideias pré-concebidas que o acompanhante possa trazer consigo[7]. Uma breve oração, um desejo de paz e benção podem ser suficientes para orientar o encontro para o seu porto de destino: a busca de Deus.

---

4. Inácio de Loyola, instrução para a jornada a Trento, in *Obras*, 706.
5. EE [22].
6. EE [47.91.112.122].
7. Cf. cap. 10, item 10.2.d, "Libertação do juízo e do afeto".

Este pequeno exercício de "consideração positiva" é ainda mais necessário quanto mais difícil é para nós a pessoa que temos que acompanhar, quer seja pela falta de empatia quer seja pela rejeição interna que possa produzir a situação concreta em que se encontra. Nem a antipatia nem a rejeição hão de ser parâmetros para quem conduz a conversação que irá começar: toda pessoa tem o direito de ser ouvida em verdade, em liberdade e na atmosfera do Espírito.

11.2. Os relógios da escuta

Em toda conversa pastoral é muito importante manejar com equilíbrio os vários "tempos" que nela interagem. Um tempo cronológico, um tempo psicológico e um tempo pneumatológico ou espiritual. Digamos uma breve palavra sobre cada um deles e como estão relacionados entre si.

a. *O relógio cronológico. "Para estar com Ele"*

É o mais evidente. Para que a conversa flua com tranquilidade é importante garantir um tempo cronológico suficiente para que possa se desenvolver com serenidade. O tempo pode variar de acordo com as pessoas e objetivos, pois cada "orientador" pode ter uma opinião sobre quanto tempo deve durar uma conversa pastoral. A experiência vem nos ensinando que uma hora, talvez uma hora e um quarto ou, no máximo, uma hora e meia, seja um bom intervalo de tempo para garantir o bom desenvolvimento de uma conversa. Se não se pode dispor de um tempo tranquilo suficiente, é melhor adiar o encontro para outro momento até que se disponha convenientemente dele ou que fique definido, no início da conversação, a que horas ela deve terminar, para que as duas partes possam se posicionar com lucidez no tempo disponível proposto. A pressa, por exemplo, por conta de outro compromisso assumido em sequência (por qualquer uma das partes) pode ser causa de inquietação, nervosismo e, portanto, distração na prática da escuta. Uma conversa realizada com pressa por parte do acompanhante pode causar na pessoa acompanhada a impressão de estar sendo pouco ouvida e pouco valorizada podendo ter consequências negativas para a relação de acompanhamento: "Ajuda muito (para a boa conversação) não olhar para minha ociosidade ou falta de tempo com pressa."[8]

Se a conversa pastoral se dá em um contexto de acompanhamento espiritual continuado, é conveniente que também os encontros mantenham certa periodicidade; isso favorecerá a abordagem de diferentes pontos, evitando silêncios demasiado longos que impedem a continuidade no ajuste dos temas. Um acordo entre acompanhante e acompanhado, dependendo das pessoas e circunstâncias, avaliará a periodicidade com que é conveniente ir inserindo as conversas. Algumas pessoas acharão mais útil, em algum momento de sua vida, agendar com mais frequência os encontros com seu acompanhante, e para outros, menos vezes. Haverá que ver os tempos disponíveis, circunstâncias, pessoas..., sabendo que de fato se trata de favorecer um tempo para estar com o Senhor.

b. *O relógio psicológico.* "*Remar mar adentro*"

Este relógio tem a ver com as disposições acima mencionadas e com o "estado de humor" de quem ouve. O acompanhante deve abrir um espaço interior suficientemente livre de outras preocupações ou problemas que lhe permita, sem muito esforço, concentrar sua atenção na pessoa que está à sua frente. O tempo

---

8. Inácio de Loyola, instrução para a jornada a Trento, in *Obras*, 706.

de preparação a que temos nos referido podem ajudar muito para que o diálogo não se veja ameaçado pelas reiteradas distrações que possam surgir devido a outros temas alheios à conversa: assuntos profissionais pendentes, compromissos futuros imediatos que exigem atenção, circunstâncias pessoais... O acompanhante, em suma, deve trabalhar pela qualidade de seu próprio tempo psicológico e garantir um ambiente interior para a escuta, na medida do possível, livre de condições e distrações que pouco ou nada têm a ver com a pessoa a ser acompanhada. Da mesma forma, o "acompanhado" também deve considerar como está o seu espaço psicológico interior para favorecer uma serena concentração que o ajude a situar-se segundo aquela máxima de Santo Inácio: "*para onde vou e a quê*". É conveniente dedicar alguns minutos para localizar as possíveis distrações ou preocupações e dialogar com elas para evitar que atrapalhem, bloqueiem ou impeçam o desenvolvimento saudável da conversa.

Cuidar do tempo psicológico tem a ver, portanto, com o dar-se conta da densidade do momento presente em que me encontro. Há de se tranquilizar o espírito e liberá-lo de pequenas ou grandes preocupações com o futuro que possam estar causando nervosismo ou angústia desproporcionais. Cuidar do tempo psicológico também tem a ver com buscar a paz interior, que muitas vezes repousa meio adormecida em dimensões mais profundas do nosso interior, para além da pressa ou pensamentos tão periféricos que buscam um protagonismo imerecido na exibição de si mesmo. Às vezes pode acontecer que a conversa não seja tão produtiva como se esperava porque não se teve o devido cuidado com essa dimensão psíquica do silêncio e do tempo. Pode acontecer que o acompanhado entre na conversa de forma precipitada, necessitando, portanto, de alguns instantes de tranquilidade que lhe permita conectar-se com a dimensão espiritual de sua interioridade: "Para que estou aqui?" O acompanhante deve estar atento aos começos do diálogo para capturar "de que lugar da mente" está sendo desenvolvida a conversa e encorajar gentilmente a descida em direção à essência do encontro: ajudar a pessoa acompanhada a "remar mar adentro".

c. *O relógio espiritual.* *"Sou eu, quem fala contigo"*

Com frequência, as conversas de acompanhamento são explícitas ou implicitamente relacionadas com a busca de Deus e sua vontade na vida da pessoa acompanhada. Esta vontade pode estar pedindo para concentrar-se em algum ponto que exija uma tomada de decisão. O acompanhante deve trazer à memória com alguma frequência que o ritmo do processo interno das pessoas é marcado pelo Espírito Santo. Como se adaptar aos tempos deste relógio peculiar?

Diante de possíveis processos de discernimento e as possíveis decisões (e ações!) que dela possam derivar, o acompanhante há de se manter lúcido com a tentação de marcar ritmos diferentes. A perícia do acompanhante tem muito a ver com sua familiaridade com os "sinais de Deus e seus tempos" sobre a vida da pessoa acompanhada. Em certas ocasiões, o acompanhado pode intencionar uma antecipação do tempo do Espírito e lançar-se na tomada de alguma decisão que o acompanhante ainda não considera madura o suficiente. Este deve, portanto, prevenir-lhe que considere a situação com calma e tome um momento conveniente para seguir ponderando e considerando a situação segundo a recomendação de Santo Inácio na décima quarta anotação do Exercícios: "quem os dá, ao ver que o exercitante anda consolado e com muito fervor, deve preveni-lo de que não faça promessa nem voto algum inconsiderado e precipitado. E quanto mais souber ser ele de índole instável, tanto mais o deve advertir e admoestar."[9]

---

9. EE [14].

Ou, ao contrário, o acompanhante pode perceber preguiça ou medo no acompanhado que esteja paralisando ou bloqueando seu processo de crescimento. Então, há de se encontrar uma maneira de animá-lo a seguir adiante na busca por Deus e sua vontade, de acordo com o espírito da sétima anotação: "se o que dá os exercícios vir que o que os recebe está desolado e tentado, não se mostre duro e áspero para com ele, mas brando e suave, infundindo-lhe ânimo e forças para ir adiante."[10] Em qualquer situação, o acompanhante deve ser crítico consigo mesmo, sem tentar identificar sua própria opinião e julgamento com a opinião e julgamento do Espírito.

Vamos a um exemplo simples. Como acompanhante, ainda não vejo uma determinada pessoa madura o suficiente para entrar no seminário ou na vida religiosa. Eu tenho certo temor de que se eu lhe der uma "luz verde" para sua entrada no seminário ou no noviciado seja uma fonte de conflito em sua comunidade e, portanto, o problema se voltará contra mim, como responsável por seu processo de discernimento. O reitor do seminário ou o mestre de noviços poderão me censurar por minha falta de tato e discrição quando se trata de selecionar os candidatos.

Ou, pelo contrário, pode acontecer que, como acompanhante, eu veja esta pessoa suficientemente preparada para dar este passo em sua vida. Eu também gostaria que em nosso noviciado houvesse mais noviços ou noviças, dependendo do caso, e esta pessoa que acompanho possa ser um bom candidato ou candidata. Que essa pessoa entrará tenha entrado no seminário ou no noviciado significaria para mim alguma razão de autoestima, pequeno êxito pastoral e positivo reconhecimento por parte dos meus companheiros. Guiado pelo relógio do meu próprio tempo, sinto-me forte o suficiente para "encorajar" este jovem a

---

10. EE [7].

dar importante passo em sua vida, impondo, mais ou menos conscientemente, meu próprio relógio ao relógio da pessoa acompanhada (que pode não o ver tão claramente quanto eu) e ao relógio de Deus, que muitas vezes é o último que consultamos.

Em primeiro lugar, o importante aqui é voltar ao primeiro ponto destas disposições que comentamos: a reta intenção, que implica a purificação dos desejos e a oração sincera diante de Deus para tentar vislumbrar e concluir o que Ele quer para esta pessoa neste momento e circunstâncias de sua vida. O resto deve ser sempre secundário. Uma vez que tentei ajustar meu tempo ao tempo de Deus, tentarei também, respeitosamente, adequar o tempo do acompanhado para ajudá-lo a reconhecer seu próprio calendário, seu próprio *tempo* em seus prós e seus contras... Saber esperar uma sincronização harmônica dos relógios envolvidos será sempre mais sábio e frutífero do que se deixar levar acriticamente pelo empurrão indiscreto de uma única vez.

Conversar tem muito a ver com aprender a ouvir as palavras no ritmo de Deus; aprender a esperar o sinal oportuno do Espírito para avançar aqui ou ali, e de aprender a encorajar e manter o compasso adequado para ir sincronizando os diferentes tempos envolvidos nesta conversa pastoral. Como aconteceu com a mulher samaritana que estava conversando com Jesus junto ao poço, acompanhante e acompanhado têm que despertar os ouvidos internos para escutar a voz que fala aos corações: "Sou eu, que falo contigo."[11]

11.3. A atividade interna e silenciosa do acompanhante

Depois de expor brevemente as disposições prévias do ouvinte, as condições do contexto e a breve introdução à conversação,

---

11. Jo 4,26.

nos deteremos agora para comentar o trabalho interno e silencioso que o acompanhante executa enquanto o diálogo segue seu curso. Sabemos que grande parte do trabalho do acompanhante é ouvir, mas em que mantém sua cabeça ocupada enquanto ouve para ir construindo a melhor das conversações possíveis? Permanecer uma hora, mais ou menos, conversando com uma pessoa pode ser algo simples e, até certo ponto, habitual em nossas vidas cotidiana; mas acompanhar é muito mais do que oferecer uma presença passiva e atenta ao nosso interlocutor. Envolve toda uma demonstração de capacidades internas que se vão organizando para elaborar com responsabilidade as informações recebidas e tentar, consequentemente, oferecer a melhor das respostas possíveis. A conversa espiritual, que será em grande medida um exercício de passividade, requer, no entanto, uma grande *atividade interna* por parte de quem escuta. A experiência "conhecida e notada"[12], ou seja, examinada e avaliada, é a melhor mestra. Então vamos dar uma olhada em algumas das tarefas a serem realizadas pelo acompanhante durante a conversação.

a. *Escuta e autoatenção*

Escutar, e não falar, vem em primeiro lugar. "Falar pouco e com cautela; ouvir atentamente e com prazer", recomendou Santo Inácio de Loyola aos Pe. Pascasio Broët e Alfonso Salmerón em sua instrução "Do modo de negociar e conversar no Senhor."[13] E aos padres enviados a Trento insiste: "Seja cauteloso, atencioso e amoroso", e mais tarde, "ajudando-me no ouvir."[14]

---
12. EE [334].
13. *Obras*, 678.
14. *Obras*, 706.

Livre, tanto quanto possível, dos preconceitos e distrações à espreita, o acompanhante escuta e recebe as palavras do acompanhado de forma silenciosa, encorajando a pessoa a se expressar como ela é e a partir da realidade que ela carrega dentro de si. A escuta do acompanhante é ativa e há de trabalhar para guardar em sua memória aqueles pontos da conversa que por qualquer motivo ressoem nele como especialmente importantes e significativos.

O acompanhado pode revelar a importância de uma experiência por diversas formas de expressão às quais se deve prestar atenção: seja porque o acompanhado tem investido mais tempo neste ou naquele ponto, seja porque ao trazê-la à luz tem enfatizado as palavras com algum tipo de reação corporal ou emocional importante (às vezes a voz treme, a fala é interrompida ou fragmentada, o rosto fica vermelho, a postura do corpo muda, varia o tom, o volume ou timbre da voz, é tocado com as mãos, se umedecem os olhos...).[15] A escuta discernida/discreta nos dirá se é apropriado intervir naquele preciso momento ou calar-se e permitir que a pessoa continue com o relato de sua partilha. Ouvindo com atenção enquanto se recebe as palavras, o acompanhante vai relacionando os conteúdos com outros pontos que foram aparecendo ao longo da conversa ou em conversas anteriores. Evocar essas relações no momento apropriado da conversa pode ser benéfico para a pessoa acompanhada, pois a ajuda a se reconhecer em reações (internas ou externas) parecidas ao viver situações muito diferentes, favorecendo assim o autoconhecimento.

A conversa exige autoatenção e autocontrole do acompanhante. A distração sempre viaja como companheira do caminho e pode fazer-se presente em várias circunstâncias ao longo da conversação. Pode acontecer que algumas coisas que o interlocutor

---

15. Cf. cap. 12, "As palavras que não são pronunciadas: comunicação não verbal".

vai comentando evoquem situações pessoais do acompanhante, ou lhe remeta para outros assuntos muito distantes do que agora exige sua concentração. Às vezes basta uma imagem, a alusão a um lugar conhecido, a uma pessoa ou a uma experiência... para que o acompanhante se sinta convidado a viajar com sua imaginação ou memória para um lugar diferente da sala onde a conversa acontece. Portanto, é necessário que uma parte interna do acompanhante esteja desperta para ajudar com que a sua "atenção permaneça atenta" e a manter a concentração na pessoa que está à sua frente requer e merece.

b. *Entender e compreender internamente*

Em seu nível elementar, escutar implica *entender* de maneira mais precisa a informação que está sendo compartilhada, com atenção especial para expressões ou palavras cujo significado possa escapar devido, talvez, ao ambiente social ou cultural a qual pertence a pessoa acompanhada, ou ao seu campo profissional etc. Durante a conversação, não é aconselhável ficar em dúvida sobre o significado das palavras ou expressões concretas, pois pode acontecer que o discurso continue se apoiando precisamente naquilo que não se compreendeu e, assim, se tornar motivo de distração para quem acompanha. O acompanhante deve estar atento para encontrar o momento adequado e, sem muito tardar, intervir para perguntar, matizar ou refinar a compreensão do que está ouvindo. Essa interrupção da partilha deve ser feita com respeito e delicadeza: "Desculpe se interrompo... O que você quer dizer quando fala sobre tal coisa?" ou "Com licença, e para entender melhor, o que você quer dizer quando você fala sobre isso ou aquilo?" ou "Quem é essa pessoa que você acabou de mencionar?". Estas ou algumas outras fórmulas semelhantes podem ajudar manter a atenção e o foco na conversação.

Este tipo de intervenção, que não deveria ser muito frequente, deve ser breve e precisa e, uma vez esclarecido o ponto não bem compreendido, devemos voltar à conversa o mais rápido possível, sem favorecer para que o acompanhado seja distraído pela pergunta e desviado do assunto que vinha em desenvolvimento. Longe de provocar distrações, essas perguntas podem dar segurança e confiança ao acompanhado, como uma pequena amostra de que lhe estamos prestando atenção e estamos interessados no que está compartilhando.

Este exercício básico e primário de entender o que está sendo dito abre a escuta para o nível mais profundo da compreensão. Entender consiste em acessar um nível de sentido do que se escuta muito além do exato significado gramatical que as palavras e frases possuem por si mesmas. Compreender é entender o que é dito a partir das circunstâncias concretas de quem o diz a partir do seu intransferível "aqui e agora". O que se diz tem um *plus* de significado concedido pela realidade de quem as pronuncia. Compreender é demonstrar uma dimensão de empatia entre o ouvinte e aquele que fala para tratar de conversar a partir do sentido mais adequado do que se está falando.

Palavras como *dor, crise, acidente, trabalho, engano, desemprego, doença terminal, separação, vocação, família, enfermidade, Deus, traição, amor, casal, hospital* e muitas outras podem ter um significado particular dado pela situação concreta de quem as pronuncia. Compreender passa por assumir a dimensão existencial do sentido como base do mínimo de "empatia" necessária para este tipo de comunicação. A relação de acompanhamento é construída a partir de uma suficiente e atemática afinidade espiritual que favorece a fluidez na conversa e o progresso na confiança. E tudo para continuar buscando e, muito provavelmente, encontrando a Deus na vida diária.

Uma relação deste tipo em que duas pessoas (acompanhante e acompanhado) não poucas vezes hão de permanecer (ou permanecem) a sós por cerca de uma hora, sem qualquer outro tipo de "entretenimento" senão que a própria conversa, e sendo essa sobre tópicos pessoais e auto implicativos, não raramente deve ser favorecida por uma suficiente afinidade psicológica. Ao dizer "suficiente", poderíamos também dizer "mínima", pois sua ausência poderia provocar na relação algum tipo implícito de rejeição afetiva não necessariamente formulada, mas perceptível por outras linguagens.

O que em princípio é, ou pode apenas ser, uma falta de afinidade psicológica pode evoluir para uma dificuldade maior ou mesmo um impedimento que pode bloquear a relação de acompanhamento. Se isso acontecer, basta que um dos dois explicite respeitosamente suas dificuldades e seja visto uma melhor maneira de continuar as conversações de acompanhamento com outro acompanhante. Parar para analisar as causas de tais antipatias poderia admitir entrar em um campo de considerações que muito provavelmente seria motivo de distração para o processo do acompanhado. Os dois, acompanhante e acompanhado, devem examinar as causas de possíveis antipatias e ver de que forma se pode harmonizar o processo. Às vezes pode aparecer desconfortos no acompanhado devido à conscientização de aspectos obscuros e desconhecidos para a pessoa acompanhada que o próprio acompanhamento vai revelando. Os dois protagonistas da conversação terão que tomar consciência e distância desses desconfortos para evitar que possam levar a tensões ou antipatias interpessoais.

c. *O "lugar vital" do outro*

É tarefa do acompanhante exercitar-se para despertar suficiente sensibilidade em si para perceber como lhe chega a outra pessoa, como ela está no momento presente; e, supondo que entenda e compreenda o *que* está dizendo, que tente captar *a partir de onde* está se comunicando. Com grande frequência, esse "*a partir de onde*", causado em grande parte pelas circunstâncias pessoais do acompanhado, requer observação e intuição, é algo que se capta ou percebe mais do que se analisa ou se conclui. A experiência é, também neste ponto, a grande Mestra.

A pessoa pode vir para a sessão de acompanhamento com estados de ânimo muito diferentes: preocupada, cansada, estressada, assustada, desapontada... ou, pelo contrário, alegre, otimista ou animada, e pode não desejar demonstrar isso logo no início da conversa. O acompanhante pode captar essa situação pelo olhar, pela expressão facial, pela linguagem não verbal de todo o corpo ou por vários sinais "não linguísticos" que as pessoas com frequência emitem pela nossa simples presença. Para quem acompanha é importante, e por enquanto suficiente, começar a conversa registrando esses dados e seguir em frente.

Há pessoas que, por seus anos de experiência ou sua psicologia, têm mais desenvoltura com essa sensibilidade que outras; em todo caso, é algo que pode ser desenvolvido com um pouco de atenção e observação. Se no momento da saudação inicial ou no início da conversação o acompanhante percebe algo estranho, é aconselhável não insistir com perguntas e comentários para pedir à pessoa acompanhada que o esclareça. Em princípio, a não ser que se veja claramente que pode ser algo capaz de bloquear a conversa, é mais conveniente seguir em frente e deixar a pessoa livre para compartilhar ou não o que a preocupa, a entristece ou a anima, segundo ela mesma considere conveniente. A experiência nos tem mostrado que se a pessoa está se sentindo à vontade, provavelmente essa preocupação ou problema pode aparecer ao longo da conversação. Se não aparecer não é necessário perguntar, pois é provável que em futuras conversas apareçam esses pontos que vão ficando implícitos ao longo do caminho.

d. *Memória: história e graça*

Outra das funções que corresponde a quem acompanha é manter vividamente ativa sua memória para lembrar os tópicos que surgem nas conversas e ver se eles podem convergir para algum centro ou núcleo de interesse primário. Mais tarde, em um horário mais conveniente, o acompanhante pode oferecer o comentário, sugestão, opinião, pergunta ou contraste que julgar mais oportuno.

Há pessoas que têm maior dificuldade em encontrar por si mesmas o fio condutor de sua própria fala e elas precisam de mais tempo para entrar nas questões mais pessoais que desejam ser abordadas durante o acompanhamento. Se o acompanhante é consciente de que o acompanhado está fazendo seu próprio itinerário, é aconselhável não intervir e esperar que os tópicos saiam ao ritmo que o acompanhado vai pontuando. Saber esperar e não ter pressa costuma ser mais correto do que tentar forçar o surgimento de algum ponto na conversa que o acompanhante considera importante para o acompanhado.

Mas, também encontramos pessoas que não se importam em seguir um fio condutor mais ou menos coerente, mas que continuam na conversação comentando temas de conteúdo e importância diversos, sem uma ordem ou hierarquia aparentes. Essas pessoas devem ser ajudadas a descobrir uma ordem subjacente em meio à justaposição de temas ou questões que elas vão expondo sem aparente conexão lógica. Em meio a esse aparente "caos expressivo", o acompanhante pode ajudar a vislumbrar o tema mais importante entre os que vão aparecendo e a partir dele começar a hierarquizar e colocar o restante dos pontos como subtemas relacionados ao tema principal ou central. A experiência nos ensina que, normalmente, a pessoa mostra na conversação um ou dois temas importantes no seu momento atual; temas que vão aparecendo de uma forma ou de outra, disfarçados muitas vezes como pequenas anedotas ou situações que a pessoa está compartilhando. Ajudar a despir os episódios da vida e descer ao seu significado vital é uma das funções mais típicas do acompanhante.

Neste ponto, a perícia do acompanhante é dobrada. Por um lado, consiste em saber distinguir a história que se conta do tema principal que lhe dá sentido, que muitas vezes não está explicitado: um medo? uma angústia? uma preocupação desproporcional? uma ambição? um fracasso? um desejo?... A tarefa do acompanhante poderia ser tentar responder a isso ou outra pergunta semelhante: "do que deseja me falar (sem dizê-lo) essa pessoa?" ou "sobre o que me deseja falar e que não está explícito verbalmente?" Por outro lado, o acompanhante também deve realizar suas conexões internas com todos os subtemas que vêm aparecendo na conversação para ajudar a pessoa a descobrir a relação interna que os tenha levado a aparecer na conversa e a encontrar qual o tema central que neste momento de sua vida pede para ser iluminado pela luz da fé.

O que fazer com a informação que o acompanhante vai acumulando em sua memória? Conforme os pontos vão surgindo durante a conversação, o acompanhante também pode ir trabalhando para estabelecer possíveis nexos causais ou temáticos sobre o que se vai ouvindo. Ele vai interpretando o que intui, uma vez que podem ser dados necessários para iluminar uma situação ou um problema. Existe alguma coisa que esteja interligando os diferentes temas ou subtemas que vão aparecendo? Existe algum denominador comum entre essas questões aparentemente não relacionadas que a pessoa está trazendo à luz? Têm alguma relação, talvez, com os temas de conversas anteriores? O que está comunicando essa pessoa sobre si mesma a partir dos diferentes e diversos "gracejos" que está compartilhando? Essas são algumas perguntas que o acompanhante tem que ir respondendo internamente enquanto escuta silenciosamente o acompanhado para ajudá-lo a descobrir a lógica interna de sua própria vida e como Deus pode estar se fazendo presente através dela.

Há pessoas, finalmente, que vem para a conversa de acompanhamento com os tópicos que desejam compartilhar bem ordenados e com um roteiro prévio bem elaborado. São, em geral, pessoas muito ordenadas em suas vidas, que creem conhecer-se sistematicamente e que com frequência acreditam conhecer a melhor das soluções possíveis para o que lhes acontece. Uma das melhores intervenções que o acompanhante pode ter com esse perfil de acompanhados é inserir algum tipo de comentário ou pergunta que não se refere aos tópicos da lista preparada ou que se enquadram exatamente neles ou, o que é o mesmo, ajudar o acompanhado a ir além de si mesmo e incentivá-lo a explorar dimensões de sua própria personalidade ainda desconhecidas para ele. Será a melhor maneira de ajudá-lo a crescer, ajudando-o a ir além dos limites de sua própria autoconsciência.

No seguimento do Senhor Jesus, a pessoa está chamada a transcender o que conhece ou crê conhecer sobre si mesma, e é trabalho do acompanhante conduzir o acompanhado para áreas desconhecidas ou incompreendidas de sua própria interioridade religiosa.

Em suma, o acompanhante deve permanecer atento para dizer aquilo que seja, em verdade, o que melhor convém para o crescimento do outro, e não tanto para satisfazer suas próprias ideias, julgamentos, curiosidades, abordagens... em relação à situação vital da pessoa acompanhada.

e. *Detecção, ponderação e hierarquização*

Outra das atividades silenciosas do acompanhante consiste em detectar o sentimento ou a moção principal que subjaz ao discurso verbal que se está comunicando. Capturar esse sentimento ou experiência central pode nos ajudar a estabelecer nexos congruentes entre o que está *sendo dito* e o que está *sendo vivido*, bem como interpretar a partir deles a diversidade de experiências ou situações que se expõem, que muitas vezes ou se originam nele ou tendem para este "moción princeps"[16]. Embora não apareça na conversação, talvez o que se esteja falando é sobre ressentimento, ou angústia, ou medo, ou ilusão, ou humilhação, ou fracasso, ou sucesso..., de consolação ou desolação.

Muitas vezes a pessoa acompanhada não está consciente da presença de tal sentimento em seu interior. Pode e sabe contar várias experiências ou situações recentes que tem vivenciado, mas talvez não esteja consciente da presença desse sentimento principal e comum a todos eles. Detectá-lo e poder compartilhá-lo e analisá-lo em conjunto para entender seu significado é um dos grandes bens que o acompanhante pode oferecer à pessoa acompanhada.

Nem tudo tem a mesma importância ou as mesmas repercussões na vida da pessoa. Às vezes pode acontecer que pequenos detalhes ou temas da vida ordinária sejam tirados de seu contexto ou de seu valor objetivo por estarem causando desconforto e confusão desproporcionais para o acompanhado. Será

---

16. "Moción princeps", trata-se do movimento principal que muitas vezes está presente de forma latente na experiência da pessoa acompanhada e que pode condicionar sua fala a outros temas ou questões secundárias. O acompanhante pode ajudar a localizar esse movimento, formulá-lo e descobrir a relação e influência que pode ter sobre outros tópicos ou subtópicos que venham à tona. [N. das T.]

suficiente, então, ajudar a localizá-los, nomeá-los e colocá-los, com a imaginação, sobre a mesa como um primeiro passo para entendê-los e controlá-los.

Em outras ocasiões, há segmentos da vida que são perturbados por um único grande problema que está influenciando silenciosamente sobre eles e que talvez o acompanhado desconheça. Faz parte da tarefa de quem acompanha ajudar a pessoa a aprofundar o que está compartilhando através de alguma pergunta suave ou indireta, ou com uma evocação, com o fim de iluminar o que permanece oculto e, portanto, desconhecido.

12

As palavras que não são pronunciadas: comunicação não verbal

"Metade do seu sorriso é para você;
a outra metade, para o mundo."
PROVÉRBIO TIBETANO

Comunicar sem nada dizer[1]. A quantidade de comunicação não verbal que a cada dia emitimos é enorme: 55% da informação pode ser devido à expressão facial; uns 38%, ao tom de voz, e uns 7%, às palavras[2]. As cifras atribuem enorme valor à linguagem não-verbal e mostram desvalorização da palavra, os dados aí estão.

12.1. A comunicação não verbal

A linguagem verbal e a não verbal formam uma unidade no ato da comunicação. Em todo encontro mediado principalmente pela palavra, toda a comunicação que se dá pela linguagem dos numerosos elementos do corpo tem um papel determinante.

---

1. Ver C. ALEMANY, "*La comunicación humana no verbal*", in *La comunicación humana: Una ventana abierta,* Desclée de Brouwer, Bilbao, 2013, 49-92, com abundante bibliografia.
2. A. MEHRABIAN, *Silente messages*, Wadsworth, Belmont (CA), 1971, 43.

Comunicamos e falamos com tudo o que somos. A palavra se expressa não apenas no que se está dizendo, mas também em *como* se está dizendo. A palavra também tem uma corporalidade constituída pelo tom, volume, fluência, segurança ou insegurança com que falamos, a coerência que transmitimos ao pronunciar o que dizemos etc. O desejável é que em nosso ato comunicativo a linguagem verbal e a não-verbal apontem na mesma direção e assim nossos gestos, nosso olhar ou nossa postura corporal confirmem ou enfatizem aquilo que comunicamos com nossas palavras. Mas nem sempre foi assim, pois pode haver momentos em que nossa linguagem não-verbal possa estar contradizendo o que afirmamos com palavras: "o que você diz me distrai do que você é."[3]

A mera presença já transmite, por exemplo, segurança, confiança, medo, arrogância, tensão, cansaço, temor, dúvida, orgulho, desejo, tranquilidade, harmonia... Nas empresas, os responsáveis pelo departamento de recursos humanos encarregados de realizar entrevistas para a seleção de novos funcionários levam muito em conta toda essa comunicação que o candidato ao cargo está mostrando com seu corpo. Traços de sua personalidade e sua psicologia podem aparecer mais claramente através de silenciosas expressões corporais que através de frases tantas vezes estereotipadas e típicas de uma entrevista de trabalho.

Também esse elemento não verbalizado inerente a todo ato de comunicação aparece entre acompanhante e acompanhado durante a conversa espiritual. Como captá-lo? Como manejar e cuidar para o bem da conversa? O que fazer? O que evitar?

---

3. Pedro SALINAS, *"Lo que eres / me distrae de lo que dices"* [34], in *La voz a ti debida,* cit., 177.

12.2. A linguagem não verbal do acompanhante

a. *A linguagem dos olhos e o olhar*

Um dos meios de comunicação mais comuns é o olhar. O acompanhante deve estar lúcido com o uso que faz do olhar. O uso distraído do olhar pode causar desconforto na conversa e até bloquear alguns de seus aspectos. Começaremos expondo alguns gestos visuais que devem ser evitados.

Olhar repetidamente para o relógio. Este gesto infeliz pode transmitir várias coisas: em primeiro lugar, associamos espontaneamente à pressa de encerrar a conversa. O acompanhado pode interpretar que o acompanhante tem algo mais importante para fazer e já quer terminar a conversa, o que causará uma diminuição na atenção e concentração. Em segundo lugar, pode transmitir tédio, que pode ser interpretado pela pessoa acompanhada como uma falta de respeito para com ela: "O que estou compartilhando não é do seu interesse". Também pode transmitir certo nervosismo ou ansiedade, sinalizando para a pessoa acompanhada, por exemplo, que ela está levando muito tempo para tratar de um determinado assunto ou explicando a mesma coisa... Tudo isso pode causar uma perda de confiança e segurança no acompanhado.

Como já foi dito[4], saber administrar o tempo corretamente é muito importante para o desenvolvimento da conversa. Para evitar esse gesto de olhar para o relógio, pode ajudar colocar um relógio em algum lugar facilmente visível para o acompanhante. Se necessário, também se pode comentar abertamente com o acompanhado que ficarão atentos ao relógio para não delongar a conversa e assim não prejudicar possíveis compromissos posteriores.

---

4. Cf. cap. 11, item 11.2, "Os relógios da escuta".

Essa abertura geralmente satisfaz o acompanhado e a considero melhor do que ficar olhando repetidamente para o relógio com pouca dissimulação.

Olhar repetidamente ou cuidadosamente para outro lugar. Transmite uma distração por parte do acompanhante. Muito provavelmente, algo atravessou o mundo de seus pensamentos que desviou a atenção, e permaneceu como absorto fixando o olhar em um único ponto. Sem perceber, podemos nos descobrir olhando para o teto, ou para o chão ou a algum pequeno detalhe do quarto. Este gesto pode ser interpretado como uma falta de atenção e educação do acompanhante. É compreensível se acontecer uma vez, mas não seria conveniente, e poderia ser preocupante, se acontecesse com relativa frequência.

Ficar com o olhar inquieto trocando-o com frequência de lugar. Transmite inquietação e um certo desassossego, que pode passar para o acompanhado. O acompanhante deve se perguntar o motivo dessa reação. Está nervoso com alguma coisa? Está preocupado com alguma coisa nesta conversa ou algo fora dela que está influenciando o aqui e agora? Geralmente somos muito sensíveis ao contato visual, e a pessoa acompanhada notará essa "instabilidade visual", o que pode estar refletindo uma "instabilidade de humor" mais profunda. Este gesto pode ser interpretado como falta de atenção e dar a entender que o acompanhante está virtual e existencialmente em outro lugar mesmo que ele esteja pessoalmente nesta sala.

Tendo visto alguns desses gestos visuais que devem ser evitados, como controlar os olhos durante a conversa para que eles não provoquem distrações?

Em toda conversa é esperado um contato visual. Com o olhar podemos transmitir confiança, atenção, acolhimento, segurança, empatia, afabilidade. O contato visual é importante e pode contribuir muito positivamente para o bom desenvolvimento da conversa. Agora, o contato visual dirigido ao acompanhado deve evitar dois extremos possíveis: a de nunca olhar nos olhos da pessoa acompanhada e a de olhar demais e com muita intensidade. A primeira reação pode ser interpretada de várias formas, como distração, desinteresse (até desprezo), distância ou extrema timidez, podendo dificultar a comunicação. A segunda (olhar demais e com muita intensidade) pode causar no acompanhado um sentimento de invasão de privacidade, autoridade ou intromissão, e sentimento de insegurança, desconfiança, suspeita ou medo. Um contato visual deste estilo pode distrair, e o acompanhado pode começar a se preocupar mais em como reagir ao que está acontecendo do que com o desenvolvimento de sua própria conversa.

Como de costume, a naturalidade é o critério mais ajustado, se bem que é difícil avaliar com precisão. É conveniente que o acompanhante reveja de tempos em tempos este importante elemento de comunicação na conversação.

b. *A linguagem corporal*

A postura corporal comunica muito sobre o estado de ânimo. Durante a conversa é importante manter uma postura que transmita tranquilidade e isso nos permite ficar confortáveis sem precisar mudá-la com frequência. Mover-se repetidamente no assento sem justa causa transmite nervosismo e pode denotar falta de concentração ou interesse no que está sendo falado. Neste ponto, como dissemos acima, é conveniente ter assentos que nos permitem ouvir confortavelmente.

Uma atitude de escuta calma e acolhedora exige sobriedade nos movimentos e tranquilidade nos gestos e reações ao que se ouve. Portanto, é aconselhável evitar choques, reações corporais desproporcionais que possam mostrar surpresa, admiração ou desacordo exagerado com o que a pessoa acompanhada expressa, embora por dentro possamos sentir assim. Uma reação inadequada pode fazer com que a pessoa se retraia e decida não continuar a comunicação.

Essa tranquilidade necessária para a conversação exige, portanto, uma postura corporal que transmita naturalidade, confiança e atenção.

c. *A linguagem das mãos*

As mãos são uma das partes mais comunicativas do corpo. Cada ato de comunicação requer um uso diferente do movimento das mãos e, nesse caso, dos braços. Não é o mesmo fazer um discurso em um comício, em uma grande praça pública ou em um estádio esportivo, para dar uma aula em uma pequena sala de aula, participar de uma mesa redonda ou ouvir uma pessoa em um acompanhamento.

Durante a conversa, é aconselhável manter as mãos quietas enquanto se escuta em uma posição que transmita naturalidade: por exemplo, em repouso sobre as pernas ou nos braços da cadeira, se houver. É aconselhável evitar o movimento excessivo das mãos ou ficar "brincando" com os dedos, pois são movimentos que podem denotar distração, nervosismo ou tédio. Naturalmente, quando falamos podemos enfatizar ou acompanhar algo que dizemos com algum movimento silencioso das mãos, evitando transmitir emoções fortes, como raiva, ansiedade, agressividade, que possam desconcertar a pessoa que está sendo acompanhada.

d. *A linguagem do sorriso*

Sorrir costuma ser sinal de empatia e acolhimento. Ao longo da conversa, e sempre em relação ao momento apropriado e seu conteúdo, haverá ocasião para mostrar esta atitude através de um sorriso que pode transmitir confiança e atenção. Sem dúvida, em outras ocasiões, será mais conveniente mostrar um rosto mais sério, quando o assunto que se está compartilhando assim o requeira. Porém, sorrir naturalmente pode ajudar a iniciar a conversa, fazer com que avance e se aprofunde. O sorriso pode ajudar a resolver um momento de encruzilhada ou dúvida. Acolher, iniciar e encerrar uma conversa com um sorriso é enquadrá-la na cordialidade e na afabilidade.

e. *A linguagem do "sem toque"*

A conversa de acompanhamento geralmente ocorre em um espaço de dimensões adequadas para transmitir uma certa confiança entre acompanhante e acompanhado. Ao mesmo tempo, esta distância deve permitir que os dois interlocutores gozem de um espaço pessoal mínimo, mas suficiente para que seja respeitado pelo outro. É um espaço privado. A conversa de acompanhamento deve respeitar esses espaços em ambas as direções e não invadir o "limite do outro" através do contato corporal.

É desejável que a sala reservada para a conversa pastoral garanta estes mínimos espaços, que evitem, por exemplo, o contato ou fricção involuntários de pernas ou pés que possam resultar constrangimentos para os interlocutores. Da mesma maneira, devem ser evitados outros gestos voluntários que, embora feitos com boa intenção, podem se tornar sinais enganosos e, portanto, desconfortáveis para alguns dos interlocutores: atrito ou aperto de mãos que pretenda transmitir confiança ou apoio, algum tipo de tapinhas nos ombros que busque comunicar encorajamento ou parabéns, pequenos abraços de conforto em momentos difíceis ou mais emotivos da conversa.

f. *Gestos que distraem*

Muitas vezes podemos fazer gestos que distraem a conversação. Alguns são óbvios, outros menos. Muitas vezes o fazemos sem perceber e sem considerar as consequências que podem ter. Alguns desses gestos, se possível, devem ser evitados, tais como:

Bocejar. É um sinal claro de uma dessas duas coisas (ou, às vezes, de ambas): tédio ou cansaço. Se é caso de tédio, o acompanhante deve fazer um esforço para fortalecer a atenção no que está sendo ouvido. Talvez o acompanhado esteja voltando reiteradamente para tópicos já discutidos... Em caso afirmativo, o acompanhante pode intervir educadamente com um comentário ou pergunta que faça avançar a conversa para algum novo ponto que precisa ser abordado. Se não for possível, talvez a conversa já tenha acabado para este dia e seja conveniente conduzir a conversa para a despedida.

Se o fato de bocejar é devido ao cansaço, pode ser conveniente propor encerrar a conversa naquele momento. Pode ser reconhecido com honestidade e humildade que se está mais cansado do que é conveniente para assistir a esta conversa com seriedade e, por causa disso, é melhor continuar depois. O acompanhado entenderá a situação e, certamente, apreciará a honestidade do acompanhante. Esta opção seria reservada para situações extraordinárias, quando as circunstâncias não previstas tenham produzido essa fadiga. É melhor propor o adiamento da conversa do que continuar suportando uma fadiga visível e explícita que impedirá seguir com um mínimo de atenção à vida que o acompanhado está compartilhando.

Brincar com a caneta, as chaves... ou com algum outro instrumento pequeno. Embora seja verdade que existem pessoas que os ajudam a se concentrar, esses pequenos gestos podem transmitir um certo nervosismo, inquietação ou tédio por parte do acompanhante. Eles também podem ser a causa de distração para a pessoa acompanhada e fazê-la perder a noção do que está comentando. Falar de si nem sempre é fácil, e convém evitar qualquer gesto, por mais insignificante que pareça, que possa causar alguma distração.

Atender o celular. O celular é uma das causas mais habituais de distração e, com ela, tudo o que através daquela pequena tela "toca" a nossa vida. É considerado falta de atenção e respeito graves atender o celular sem motivo e brincar com ele durante a conversa, ainda que mais ou menos dissimulada. Considerando a importância que queremos dar à conversação de acompanhamento, recomenda-se silenciar o telefone no início da conversa. Ter o celular no "modo vibrar" também pode ser uma distração para um ou para ambos os interlocutores, ao poder direcionar a atenção para quem terá enviado e o que conterá a mensagem que acabou de vibrar. No caso em que um dos dois está esperando uma ligação de "alta importância" e que deva ser respondida ao longo da conversa, deve ser explicitado logo de início para que a distração seja menor e assim evitar que se ocupe a cabeça com pensamentos equivocados enquanto o outro fala ao telefone.

12.3. A linguagem não verbal do acompanhado

Dado que, ao longo da conversa, a pessoa acompanhada é quem normalmente assume o protagonismo no uso da palavra, é normal que ela esteja em comunicação contínua através dos seus gestos e reações corporais. Alguns aspectos a serem observados atentamente são os seguintes.

a. *A linguagem dos olhos e do olhar*

Os olhos são os grandes embaixadores das palavras. Depois da linguagem verbal, os olhos são provavelmente o nosso canal mais comunicativo. O que expressa a linguagem dos olhos numa conversa de acompanhamento? Pode mostrar interesse, confirmação, insegurança, medo, nervosismo, ilusão, alegria... tantas coisas que expressamos através do nosso olhar! A linguagem dos olhos, às vezes, reforça a comunicação verbal; outras vezes enfatiza a conversação. Podemos observar se a pessoa nunca olha para o seu interlocutor ou se o faz de vez em quando, e como: se com insegurança ou temor ou com confiança e respeito; a maneira de olhar muitas vezes reflete um estado de ânimo interior.

Pessoas extrovertidas tendem a olhar mais do que as introvertidas. Saibamos disso ou não, os olhos oferecem informações sobre o sentimento interior da pessoa que nunca, talvez, possa ser traduzida em palavras: tristeza, ilusão, cansaço, alegria, medo, culpa, dúvida, tédio, insegurança... Durante a conversa é normal e desejável que se dê o contato visual entre acompanhante e acompanhado.

Como já vimos anteriormente, seria de esperar que os dois extremos possíveis (a ausência e o excesso de contato visual) fossem evitados na conversa e que o ideal seria agir com naturalidade neste momento. O acompanhante deve permanecer atento a essa linguagem dos olhos. Se o acompanhado demonstrou uma ausência marcante e frequente de contato visual, deveria se perguntar sobre sua possível causa: extrema timidez da pessoa acompanhada? Desconforto com o acompanhante? Falta de confiança? Alguma dificuldade ou bloqueio com o tema que está sendo discutido? Um excesso de contato visual é muitas vezes desconfortável, às vezes até violento, e pode ser considerado agressivo.

Atenção! Devemos ter em mente que existem culturas, como por exemplo em certos países da África, que uma pessoa, em uma conversa, por algum motivo (social, político, familiar, religioso), não deve olhar nos olhos de quem considera superior. Acompanhando jovens religiosos africanos e devido à minha ignorância sobre este assunto, eu equivocadamente estava entendendo como distração e indiferença contínuas e preocupantes o que para o acompanhado era sinal de maior respeito segundo os códigos de sua própria cultura. Por outro lado, em não poucos cantos do nosso planeta não é bem aceito que uma mulher olhe nos olhos de um homem se não em momentos de privacidade.

Em geral, a linguagem dos olhos pode reforçar e confirmar o que se está expressando com as palavras, mas, em algumas ocasiões, o olhar pode contradizer a linguagem verbal. Podemos expressar segurança com as palavras e, ao mesmo tempo, medo e insegurança com os olhos; podemos manifestar com palavras que estamos felizes, mas estar comunicando uma profunda tristeza com o olhar. Normalmente estamos muito menos conscientes da linguagem não-verbal e, portanto, alguns detalhes escapam ao nosso controle. Isto quer dizer que o que manifestamos com nossos olhos expressará algo autêntico do que estamos vivendo e às vezes teremos que dar-lhe mais crédito do que às palavras.

b. *A linguagem das lágrimas e as emoções*

Ao longo de um processo de acompanhamento, não é estranho que em alguma conversa apareça algum tema pessoal que afete de maneira especial os sentimentos e chegue até a fazer a pessoa acompanhada chorar. Dada a profundidade e às vezes intimidade da conversação, o acompanhamento pode ser um contexto favorável, talvez o único para muitas pessoas, para o aparecimento dessa reação emocional. Na maior parte das vezes, chorar é um encontro com a honestidade de quem somos. É certo que, procurando casos, até lágrimas podem ser fingidas, mas geralmente, é uma das linguagens mais autênticas da nossa verdade. Chorar é uma reação espontânea e livre de um coração que não pede permissão para expressar-se; as lágrimas geralmente aparecem inesperadamente e não controladas.

Quando falamos de coisas muito pessoais que quase nunca temos oportunidade de nos debruçarmos, costumamos fazê-lo com todo o nosso ser: memória, intelecto, afetividade. Tudo se implica e até se complica, e nessa implicação pode aparecer o choro.

Embora o efeito da reação emocional seja o mesmo – as lágrimas –, as causas que as provocam podem ser muito variadas. Podemos chorar por tristeza, por raiva, por ilusão, por gratidão, por alegria, por decepção, por impotência... Vai ajudar muito o acompanhante e, por outro tanto, o acompanhado conhecer a causa dessa reação caso num futuro esta situação reaparecer, para poder assim abordar a questão com o maior sucesso possível.

O acompanhante deve ter clareza do *momento* da conversa em que as lágrimas aparecem, porque é, sem dúvida, um tema importante ou muito importante para o acompanhado. Que experiência estava sendo evocada? Uma pessoa? Um lugar?... Às vezes é preciso deter a conversa porque a pessoa simplesmente precisa de tempo para chorar. Através do choro se libera muita emoção contida que habitava silenciosamente o coração e que ainda não tinha encontrado a oportunidade para se expressar. Nesses momentos, é aconselhável que o acompanhante fique em silêncio, respeitando o momento de intimidade por que passa a pessoa que está adiante de si, até que o choro mais sensível passe e se possa retomar a conversação. Esse respeito passa por um silêncio compartilhado. Ser capaz de chorar é um direito, e o acompanhante deve saber respeitá-lo sem condicioná-lo. Não é bom que o acompanhante tente parar o choro, nem que lhe tente subtrair a importância; também não é hora de demonstrar reações de afeto extraordinário, como um "abraço solidário". Alguma palavra curta de encorajamento ou consolo pode ser suficiente. O choro acontece e se acolhe respeitosamente.

Tentar preencher o silêncio, que pode ser provocado, com longas palavras de apoio, encorajamento ou consolo pode ser desaconselhável, especialmente se o acompanhante ainda não sabe o principal motivo dessas lágrimas, que pode ser variado. Depois de passados esses momentos, talvez minutos, se pode retomar a conversa com uma simples pergunta ou voltando às últimas palavras que foram ditas antes de começar a chorar, e sentir delicadamente se é ou não conveniente continuar nesta conversa com o mesmo tópico ou é melhor passar para outro.

Pela minha experiência (como acompanhante e como acompanhado que chorou em mais de uma conversação), minha opinião é que convém deixar a iniciativa ao acompanhado e continuar de acordo com o que percebemos ser o seu desejo. Há quem, uma vez retomada a calma, prefira continuar falando sobre esse mesmo tema, e há quem prefira deixar por esse momento aquele tema que provocou choro e passar para um outro. Se a pessoa acompanhada optar por esta segunda opção, o acompanhante deverá estar atento nas futuras reuniões se acaso este problema sensível ou outros semelhantes se apresentam em conversas futuras.

c. *A linguagem das mãos*

Ao longo da conversação, a pessoa acompanhada pode usar a linguagem das suas mãos para refletir algum sentimento interior predominante. Em certas ocasiões, as mãos entram no "cenário comunicativo" (não raro inconscientemente) quando um tópico de interesse aparece na conversa com importância especial. À medida que se movem mais ou menos, se tensionam ou articulam os dedos de uma forma inusitada, pode comunicar ansiedade, alguma tensão interna, temor ou medo. O nervosismo ou a ansiedade podem ser vistos através de um tremor nas mãos. Pelo contrário, se permanecem tranquilas em um ou outro local... podem indicar sossego, calma ou segurança. O acompanhante pode observar essa linguagem das mãos para tomar conhecimento da relevância do que se está discutindo.

d. *A linguagem corporal*

O corpo, em geral, é também um meio muito comunicativo e intervém mais do que pensamos em uma conversa em que o papel principal primeiro recai sobre as palavras. O corpo pode ter suas reações somáticas ou fisiológicas diante de alguns pontos mais delicados ou pessoais da conversação. Essas reações aparecem espontaneamente, sem pedir permissão, sem passar pela consciência ou pela liberdade da pessoa. Simplesmente acontecem, ocorrem e, às vezes, de maneira imprevista e repentina. Muitas vezes não é possível indicar com precisão a conexão exata e cem por cento verdadeira entre a reação visível e a causa interna ou sentimento que a produz. Muito dependerá das pessoas e da diversidade de perfis psicológicos.

Sem entrar em análises detalhadas sobre o assunto, vamos agora prestar atenção a essas possíveis reações do corpo. Conhecê-las pode ser grande ajuda para o "conhecimento interno da conversação espiritual".

Postura corporal. A maneira como se senta já pode estar comunicando algo (ou muito) sobre o estado de espírito do nosso interlocutor. Existem posturas que denotam segurança, autoconfiança, alto grau de autoestima, às vezes até uma autoestima desproporcional. Outras maneiras de sentar refletem timidez, humildade, fragilidade, medo, baixa autoestima... Às vezes, o modo como se senta pode refletir o sentimento geral predominante na pessoa no momento de iniciar a conversa; esta postura pode mudar ao longo da conversa, refletindo assim que o sentimento da pessoa também está evoluindo.

Tremores. Às vezes, pode aparecer um certo tremor nas pernas ou nas mãos. Como observamos anteriormente, o tremor corporal pode indicar insegurança, receio, nervosismo, ansiedade ou medo do assunto que está sendo tratado. O tremor, como outras reações corporais, pode ter uma causa retrospectiva e proceder, entre outras coisas, da memória e do comentário de alguma experiência violenta, difícil ou desagradável que a pessoa foi capaz de sofrer e que ainda não está totalmente curada. Mas o tremor também pode ter uma causa projetiva e proceder da antecipação imaginativa de situações incômodas ainda não vividas, mas cuja antecipação hipotética já é causa do medo e do próprio temor. Este sinal de comunicação geralmente aparece de forma imprevista, espontânea, e escapa ao controle da pessoa, o que lhe confere veracidade: o que se está comunicando é, portanto, algo muito importante que o acompanhante deverá levar em conta para esta ou futuras conversas.

Rubor e sudorese. São reações que podem aparecer simultaneamente. Em geral sugerem um sentimento de constrangimento ou profunda opressão em um assunto que é difícil de comunicar, quer seja porque toca em questões da própria intimidade ou porque o que é contado é vivido com sentimento acentuado de indignidade, culpa ou vergonha; ou porque se refere a questões passadas não resolvidas, diante das quais se sente impotência, fracasso ou humilhação. Outras vezes pode tratar-se de um "rubor positivo" quando o acompanhante, por exemplo, oferece uma avaliação positiva de algum aspecto da personalidade da pessoa acompanhada ou destaca algumas de suas qualidades...

Tiques nervosos. Eles são conhecidos como "movimentos auto adaptativos". Aparecem quando a conversa se volta para temas que, por diversos motivos, causam nervosismo, ansiedade ou insegurança no acompanhado: esfregar o nariz ou coçar uma orelha, arrumar o cabelo, tocar um joelho... É provável que a pessoa nem se dê conta desses gestos espontâneos que repete em momentos bem específicos da conversa; se trata de pequenos sinais de que este tópico de conversa é de especial importância para ela.

Inquietação geral. Reflete-se, por exemplo, no aumento do movimento das mãos ou dos pés ou mudanças mais frequentes na postura, o que pode indicar nervosismo, agitação interna, desconformidade com o que está sendo tratado ou, até uma certa agressividade contida.

Todas essas reações são indicadores de que aquilo que a pessoa tem dito ou tem insinuado, ou mesmo o que não tenha dito, mas tenha pensado, é de grande importância para ela. Portanto, se algumas dessas reações aparecem ao longo da conversa, o acompanhante deve estar atento para vincular a reação corporal com o tema verbalizado e encontrar o momento certo para aprofundar na questão que se está tratando. Vai depender da delicadeza, da sensibilidade e da discrição do acompanhante abordar ou não abordar naquele momento ou nessa mesma conversa esses pontos que estão causando essas reações no acompanhado.

Chegando ao final deste capítulo, devemos lembrar que estamos comentando sobre os diferentes aspectos da comunicação não verbal dentro do que chamamos de "conversa pastoral" e, portanto, não se trata de uma "entrevista de terapia psicológica". Neste outro caso, cada terapeuta, seguindo as orientações da escola a qual pertence, procederá de uma ou outra forma, sempre buscando o melhor para a pessoa com a qual entrevista.

13
Nove tentações do acompanhante

"É melhor ser rei do seu silêncio
que escravo de suas palavras".
WILLIAM SHAKESPEARE

Dedicar parte do tempo de uma vida ao ministério do acompanhamento espiritual ou da conversa pastoral é um investimento de enorme valor na vida da Igreja. É um ministério pouco visível, que se realiza com discrição, silêncio e, necessariamente, humildade. Como todos os trabalhos, não está isento de ser ameaçado por uma série de tentações que tensionarão um desvio na tarefa de seu reto caminho e verdadeiro sentido. Novamente, um chamado à lucidez e ao autoexame ajudará a desenvolver um relacionamento mais frutífero e proveitoso para a pessoa acompanhada. A seguir exporemos as nove tentações que detectamos na função do acompanhante. Ofereceremos breves informações sobre cada uma delas, em que consistem e como se manifestam e proporemos alguma forma de enfrentá-las e, se for o caso, superá-las.

13.1. Tentação de distração

"Faça o que ele lhe disser."

a. *Descrição*

Esta é uma tentação ingênua, porém, perigosa. Se existe um ministério que exige escuta atenta e concentração é o do acompanhamento. Às vezes é dado por claro e evidente, mas convém que seja explicitado. Enquanto escuta, o acompanhante deve manter-se atento à sua própria interioridade e procurar ser vigilante em relação às suas próprias distrações sem perder o foco na linguagem da conversa.

Existem níveis muito diferentes de distração. Algumas distrações são conjunturais, circunstanciais, devidas à situação pessoal como acompanhante (excesso de trabalho, preocupação com alguma pendência, o próximo compromisso pastoral que se está esperando uma vez terminada esta conversa, algum desconforto físico...).

Outras são distrações mais estruturais que podem afetar dimensões mais profundas da vida do acompanhante e, portanto, condicioná-lo em seu ministério: um momento de dificuldade pessoal, comunitária ou institucional; um problema sério em família que lhe exige e lhe "consome" emocional e psicologicamente; a implicação em um projeto que levará a sérias mudanças em sua vida...

O normal é que esse tipo de distração se torne mais presente quando os acompanhantes estão muito ocupados e têm que atender as conversas com os acompanhados nos poucos momentos livres em que as agendas frenéticas lhes permitem. Assim, pode acontecer que, embora estejamos sentados na cadeira da sala de acompanhamento, nossa cabeça continue recebendo mensagens às vezes por conta da tarefa que acabamos de deixar e outras vezes para a tarefa que se tem pela frente. Quando isso acontece, nós nos tornamos acompanhantes que acompanham mais com boa vontade e boa intenção do que com a qualidade e a dedicação que o ministério do acompanhamento e os próprios acompanhados merecem.

A distração não perdoa. Se o acompanhado percebe que o acompanhante se distrai reiteradamente durante a conversação, ele pode pensar, com razão, que sua vida não é motivo de interesse para essa pessoa em um contexto tão sério como o acompanhamento espiritual. As distrações repetidas podem, e em algumas ocasiões devem, ser um motivo para deixar essa relação de ajuda espiritual.

b. *Reação*

Podemos dominar e controlar totalmente as distrações? Não, mas podemos realizar algum exercício simples que favoreça a concentração durante o acompanhamento e, portanto, diminua a possibilidade de distração. Como em quase tudo, é questão de um pouco de treino.

Antes do encontro para o acompanhamento, pode ajudar alguns minutos de silêncio e concentração. Pode ser útil relembrar possíveis distrações que mais nos tem assaltado nos últimos dias e dialogar internamente com elas, conhecendo-as e colocando-as no lugar certo. As distrações, uma vez conscientes, perdem muito de sua energia dispersiva.

Se durante a conversação essas distrações nos assaltam, pode ajudar dedicar alguns segundos a elas, internamente, sem perder a atenção na conversa com o acompanhado. Se pode dizer a si mesmo, por exemplo, que o próximo compromisso pastoral pode esperar e será bem atendido depois, ou que esse assunto familiar que agora o "assalta" está bem cuidado e lidará com isso mais tarde, no término desta conversação. Esses são pequenos exercícios de "autoconsciência" que ajudam o acompanhante a manter a calma e o foco durante a conversação.

Depois de terminada a conversação, pode ser conveniente fazer um breve exame sobre como tudo se passou e poder revisar a identidade e qualidade das distrações, caso tenham aparecido. Que "coisas" me distraíram? Por quê? Como tenho reagido perante essas distrações? Como elas têm influenciado na conversação? Nem todas as distrações significam a mesma coisa e nem têm o mesmo propósito.

O breve exercício preparatório do início, a atenção às distrações ao longo da conversa e o simples "exame" logo que a conversa seja concluída pode ser um antídoto eficaz para controlar gradualmente as distrações e ir ganhando, portanto, na qualidade da escuta e do acompanhamento.

13.2. Tentação de "respeito indiscreto"

"O Espírito Santo os inspirará
o que tenhais a dizer."

É uma daquelas tentações que Inácio de Loyola chamaria de "sob a aparência de bem"[1], algo que parece bom, mas no fundo costuma ser prejudicial. Em que pode consistir esse respeito indiscreto?

a. *Descrição*

Em primeiro lugar, em não assumir com confiança e responsabilidade a missão que lhe foi confiada de acompanhar. Um falso respeito que pode levar o acompanhante a pensar que nesta relação tudo depende da pessoa acompanhada e que, portanto, ouvir mais ou menos calorosa ou empaticamente é a única coisa que se tem que fazer. Às vezes, esse falso respeito também

---

1. EE [332].

se mistura com algo de falsa humildade que nos leva a questionar retoricamente algo como: "Quem sou eu para intervir e condicionar a vida desta pessoa? Indigno de mim!" O acompanhante se sente inclinado a não intervir por medo de dizer algo desagradável que não vá cair bem; não intervir por medo de interferir no que Deus está fazendo com essa pessoa; a não intervir por receio de errar e não saber, quem sabe, corrigir o erro depois; a não intervir porque esta pessoa a quem acompanha é de grande autoridade social, eclesial, política, cultural... e, de fato, "não sou ninguém para influenciar sua vida". O falso respeito pode causar muitos danos a uma sadia relação de acompanhamento.

b. Reação

Esta tentação costuma estar mais presente nos jovens acompanhantes e é necessário responder com a virtude da liberdade e da confiança no Espírito do Senhor. Como acompanhante e, portanto, como apóstolo neste ministério da Igreja, a pessoa deve realizar a sua missão apostólica com a liberdade de que foi enviado para este ministério. Inácio de Loyola, nas pequenas notas pouco conhecidas no final dos Exercícios "para sentir e compreender os escrúpulos" já percebia a sutileza e o perigo desse "falso respeito" como sendo uma tentação prejudicial e resolveu esta questão da seguinte maneira: a pessoa tentada a não dizer ou de não fazer algo na Igreja "deve então elevar a inteligência a seu Criador e Senhor: e, se vir que tal coisa é seu devido serviço ou ao menos não contrária a ele, deve agir de modo diametralmente oposto a essa tentação".[2] Temos, além disso, uma carta de acompanhamento espiritual na qual desenvolve lindamente este ponto de como

---

2. EE [351].

o "inimigo" faz uso da falsa humildade para nos impedir de progredir na vida espiritual e crescer em amizade com Cristo[3].

Em última análise, quando nos encontramos reagindo sob a influência desse "falso respeito" nos fará bem aumentar em grandes doses nossa confiança em Deus e crer que Deus pode e de fato falará através de nós em favor da pessoa acompanhada. Também pode ajudar fazer uma oração alguns minutos antes que o acompanhamento inicie para "trazer à memória" esta liberdade dos filhos de Deus e falar sem temores paralisantes e com a discrição própria que se espera de um bom acompanhante. Deus inspirará "a palavra oportuna" no momento adequado.

13.3. Tentação do autoritarismo

> "Não será assim entre vós.
> Quem quiser ser o primeiro..."

No extremo oposto do "respeito indiscreto" encontramos o perfil do acompanhante que se investiu de autoridade desproporcional e injustificada em nome de sua própria função ou papel.

a. *Descrição*

Quando somos tentados pelo falso respeito, tendemos a nos colocar em posição inferior à pessoa acompanhada. Essa tentação da "autoridade autoatribuída" nos leva a nos situar diante do acompanhado a partir de uma relação de marcada verticalidade, em clara superioridade, "por cima" em conhecimento, em

---

3. Carta de Inácio de Loyola a Teresa Rejadell (Veneza, junho de 1536), in *Cartas Escolhidas*, Loyola, 2008, 39-45.

experiência e em autoridade. Esta tentação consiste em pensar que por ser acompanhante já temos conhecimento da situação interna e pessoal do acompanhado melhor do que ele próprio e, por isso, as nossas palavras são palavras corretas e válidas para esses momentos nessas circunstâncias; palavras que, aliás, não devem ser questionadas. É uma tentação perigosa que com brevidade move para a indiscrição elaborando alguns diagnósticos sobre a vida do acompanhado um tanto precipitados e, frequentemente, equivocados.

As intervenções que o acompanhante costuma oferecer nessa relação tão hierárquica correm o risco de serem infelizes e imprudentes. Será tratado, na maioria das vezes, de opiniões que muitas vezes provêm de juízos prévios pouco críticos sobre a pessoa ou sua situação não confrontada, mas que o acompanhante justificará sem mais delongas, valendo-se da função que ele "possui" nesta relação.

Deixar-se levar por essa tentação faz o acompanhante descer a ladeira de forma desproporcionalmente hierárquica de acompanhamento e, portanto, pouco evangélica; um modo autoritário que relega ao acompanhado uma situação passiva de acolher acriticamente o que é dito a partir "de cima". O acompanhante pode, além disso, vir a acreditar que ele é uma espécie de "escolhido" que recebeu a luz do Espírito para compreender o que está acontecendo, por que está acontecendo e como reagir ao que está acontecendo. Se, além disso, o acompanhante pertencer a algum nível da escala do estado eclesiástico, pode chegar a acreditar que tal autoridade lhe vem "do alto" por causa de sua situação ou de seu ofício na Igreja. A autoridade será ainda mais reforçada e, portanto, pode se tornar mais perigosa. Em situações como esta, resta pouco espaço para algum discernimento possível. O acompanhado deve seguir fielmente o que a partir do alto já vem "decidido" pela diáfana vontade de Deus que o "diretor" lhe revela.

b. *Reação*

Como reagir a esta tentação? É uma batalha difícil, especialmente porque o autoritarismo tende a cegar o entendimento e, portanto, dificultar a possibilidade de raciocinar. Quando acreditamos estar de posse da verdade de maneira tão diáfana, fecham-se as portas ao diálogo possível. O primeiro passo pode ser dado por outras instâncias pastorais próximas que estimulem os acompanhantes a rever, avaliar e examinar sobre o modo de exercer o ministério do acompanhamento; se pode oferecer modelos de acompanhamentos que sirvam de contraste com aqueles que tendem a ser muito autoritários ou hierárquicos, para encorajá-los a reorientar seu método e estilo de acompanhar.

Mas essa mudança nas formas (que, se ocorrer, não é insignificante) é insuficiente. Mais cedo ou mais tarde ele voltará a se impor o que configura a personalidade e estrutura antropológica do acompanhante. O trabalho deveria continuar propondo e assimilando uma nova teologia e espiritualidade do ministério do acompanhamento para tentar chegar a níveis mais profundos da personalidade do acompanhante e poder trabalhar depois uma mudança de interpretação e situação sobre o ministério do acompanhamento espiritual.

Por outro lado, será muito importante receber a opinião e avaliação do próprio acompanhado e de como ele se sente em sua relação de acompanhamento. O acompanhado tem que fazer um exame da relação para ver se a ajuda para continuar crescendo em liberdade, autonomia, em seu seguimento pessoal a Cristo. Se não for esse o caso, ele deve ter liberdade suficiente para propor uma mudança de acompanhante e poder seguir seu caminho com outra pessoa que saiba como se adaptar melhor à sua situação.

13.4. Tentação do protagonismo

> "Não o sou. Depois de mim vem outro..."

a. *Descrição*

Por insegurança, inexperiência ou narcisismo latente, o acompanhante pode pensar que a relação de acompanhamento depende (exclusivamente) dele e, portanto, ver-se obrigado a adquirir um protagonismo que vai além do que a ética lhe concede. Um protagonismo que pode se manifestar em um excesso de palavras ou uma influência desmesurada sobre os acompanhados. As consequências de não ser lúcido com relação a essa tentação pode ser muito grave, pois frequentemente desloca e ignora o único protagonista do relacionamento, que é o Espírito Santo.

Animado, talvez, por uma imagem desproporcional de si mesmo, o acompanhante pode vir a pensar como deve ser o processo do acompanhado e tentar moldá-lo mesmo com uma certa "violência intencional" de acordo com o que ele pensa que deve ser o percurso que o acompanhante deve seguir. Ancorado neste protagonismo simples e absurdo, o acompanhante também poderá entrar em uma sã crise ao verificar que as coisas, muitas vezes, não são como ele acredita e que o Espírito guia e orienta as pessoas por outros caminhos para ele insuspeitáveis. Mais cedo ou mais tarde, o quanto antes, a relação se ressentirá, e o mais conveniente, se nenhuma alteração for notada, será trocar o acompanhante.

b. *Reação*

O tratamento mais adequado para essas situações deve levar o acompanhante a se conscientizar do seu "papel secundário" na relação de acompanhamento e retornar à fonte primária que o fundamenta. Para isso pode ajudar olhar para João Batista e impregnar-se bem da "espiritualidade dêitica"[4], típica de quem humildemente reconhece que "não o sou", mas que "depois de mim, vem um homem que passou adiante de mim, porque existia antes de mim e que está fazendo possível essa relação de acompanhamento"[5]. É provável que esse perfil de acompanhantes ocorra em pessoas geralmente dedicadas a ministérios pastorais em que têm muito ou todo o protagonismo: por exemplo, sacerdotes dedicados a administrar sacramentos, acompanhantes que também são professores com função muito ativa frente à passividade dos alunos...; talvez por inércia profissional, tendem a situar-se na relação de acompanhamento como alguém que fica diante de um grupo de estudantes ou de uma passiva assembleia de fiéis.

A segunda coisa é orar. Orar para perceber que o acompanhamento é "espiritual", isto é, "no Espírito". O primeiro protagonista que dirige os corações de seus fiéis é o Espírito Santo, e ele (o acompanhante) está como mediação iluminadora e inspiradora daquilo que o Espírito vai iluminando.

Em terceiro lugar, quando a tentação for sentida, será de grande ajuda para a relação de acompanhamento, uma vez terminada a conversação, dedicar alguns minutos para realizar um simples exame dela, que nos permita ir descobrindo como a tentação foi trabalhada durante a conversação, para que "com essa experiência conhecida e notada, a pessoa se guarde para o futuro de seus costumeiros enganos".[6]

---

4. Dêitico é o elemento linguístico que não tem sentido por si só. Sua função é fazer referência a um enunciado ou localizar o fato no tempo e espaço. Neste caso, papel secundário dado a João Batista que se presta a ser apenas o predecessor. [N. das T.]
5. Jo 1,29-30.
6. EE [334].

13.5. Tentação de responsabilidade irresponsável

"Dê a César o que é de César."

a. *Descrição*

Esta tentação espreita o acompanhante, encorajando-o a assumir uma responsabilidade que não lhe pertence. Não se trata do vão protagonismo da tentação anterior, e por isso talvez seja um pouco mais difícil de detectar. Movido por uma boa intenção e um desejo honesto, porém desfocado desejo de ajudar, o acompanhante pode chegar a crer que ele é o responsável por esta relação, das possíveis decisões que estão em jogo e, em última análise, o responsável pelo bem-estar espiritual dessa pessoa que acompanha. Este ponto é delicado, pois pode levá-lo a exercer uma espécie de influência motivada por esse excesso de responsabilidade errônea.

O acompanhante pode vir a crer que ele é o responsável pela experiência de consolação do acompanhado, ou que tenha suas ideias claras e suas afeições ordenadas. De maneira mais ou menos consciente, o acompanhante se vai atribuindo funções e tarefas que não lhe pertencem, mas são propriedade do acompanhado ou mesmo de Deus; é Deus quem tem um calendário, um ritmo e uma maneira de fazer as coisas com cada pessoa. Se a pessoa acompanhada não está emocionalmente ou espiritualmente tão feliz e realizada como o acompanhante desejaria, não é problema nem responsabilidade do acompanhante.

Há acompanhantes que assumem como seus os fracassos ou as crises do acompanhado devido a suas próprias situações pessoais de insegurança ou narcisismos camuflados, porque chegam a crer que o fracasso ou a crise de seu acompanhado pode manchar a sua imagem de "bom acompanhante". Da mesma maneira, tenderá a viver como seus os sucessos e bons momentos do acompanhado, como se tivessem sido causados ou provocados por ele. Tudo começou com uma errônea compreensão sobre o que era uma relação de acompanhamento: um vazio de conhecimento e uma humildade ainda não evangelizada costumam estar por trás dessa tentação.

b. *Reação*

Como lidar pedagogicamente com essa tentação? Quando, como acompanhantes, somos tentados por esta "responsabilidade irresponsável", precisamos, por uma parte, nos desvincularmos de maneira ordenada da relação de acompanhamento através de um saudável distanciamento crítico da pessoa acompanhada e, por outra, precisamos simultaneamente aumentar nossa confiança em Deus. Para isso, é necessário iniciar um processo, primeiro, de ordenação interna da intenção para integrar de forma ordenada o ministério do acompanhamento no conjunto de tarefas e trabalhos pastorais que o acompanhante tenha. Esta busca da ordem deve ser acompanhada de uma clareza conceitual sobre o que é/não é o ministério do acompanhamento que contribua para libertá-lo de possíveis influências sobre a autoimagem e possíveis buscas por reconhecimento social.

Em terceiro lugar, devemos trabalhar para criar uma distância crítica na relação que venha devolver a liberdade aos espaços que a mesma relação, por sua própria natureza, pede e reivindica e que o acompanhante havia, irresponsavelmente, usurpado.

Recuperada a liberdade, o acompanhante será justamente liberado de fardos que ele mesmo se havia atribuído e que, por não lhe pertencerem, eram mais pesados para carregar. O acompanhante deve aprender a conferir para si o que é seu, para o acompanhado o que é do acompanhado e ao Espírito Santo o que é do Espírito Santo, segundo o "dai, pois, o que é de César a César..."[7].

Pode-se também recordar das palavras do salmo: "Se Yahweh não constrói a casa / em vão labutam os construtores; /se Yahweh não vigia a cidade, / em vão vigiam os guardas".[8] Essa distância de que estamos falando agora se refere e afeta o reino dos desejos e seguranças/inseguranças do acompanhante e não ao trato interpessoal entre acompanhante e acompanhado, que não deve perder a cordialidade ou a empatia mínima na qual deve se desenvolver.

13.6. Tentação do paternalismo

"É conveniente que ele cresça e eu diminua."

Perto, mas um pouco diferente, e bastante sutil, aparece a tentação do paternalismo.

a. *Descrição*

O paternalismo é um tipo de comportamento que envolve um excesso de atenção, preocupação e cuidado com a pessoa acompanhada, manifestada sempre de maneiras corretas e delicadas que evitam o autoritarismo, mas que com o tempo geram uma espécie de dependência insana do acompanhado para com o acompanhante.

O paternalismo muitas vezes pode se desenvolver inconscientemente e tende a desgastar a liberdade do acompanhado, enquanto o acompanhante vai "ganhando em autoridade" na relação.

---
7. Mt 22,21.
8. Sl 127(126),1ss.

A manifestação desse paternalismo é sutil. Às vezes pode aparecer como pequenos jogos de palavras ou propostas formuladas como conselhos no que o acompanhante, lenta, mas progressivamente, revela sua maior experiência neste ou naquele aspecto da vida. A relação não pode deixar de sofrer com isso.

O paternalismo está muitas vezes enraizado no reino das carências, geralmente afetivas por parte do acompanhante, pelas necessidades insatisfeitas do tipo: reconhecimento social, afeto, produtividade, atenção, estima... Ao manifestar-se de formas corretas, às vezes corretas até demais, não deixa de ser uma tentação delicada e difícil de reconhecer, tanto por parte do acompanhante, bem como do acompanhado ou de outros domínios externos. Aparentemente, não há nada de errado a partir de qualquer ponto de vista (legal, canônico, moral, linguístico, pastoral), mas no modo e à medida em que se desenvolve o relacionamento, se vive algo que não funciona bem. Se o acompanhado fizer um rápido exame sobre o relacionamento notará algo "errado", algo que tira sua liberdade, que o impede de se expressar abertamente; também vai notar que se sente um pouco sufocado, como se lhe faltasse ar, algo radicalmente contrário ao que pretende uma relação de acompanhamento, que é "respirar o ar do Espírito".

O acompanhado perceberá que, pouco a pouco[9], o relacionamento havia sido centrado cada vez mais na pessoa do acompanhante do que na própria pessoa ou na pessoa de Cristo, nosso Senhor. A expressão "pouco a pouco" é importante: a sutileza do paternalismo vai desenvolvendo uma dinâmica lenta, porém constante, o que o torna imperceptível e, portanto, difícil de detectar.

---

9. EE [332].

b. *Reação*

Como detectar o paternalismo e como agir em relação a ele? Assim como se nota ser mais fácil detectar o acompanhante que é muito autoritário ou hierárquico, uma vez que seu modo de proceder é objetivamente perceptível, no caso do paternalista é mais difícil. A "sutileza de comportamento e linguagem" pode sempre justificar que tudo está indo bem e que, aparentemente, nada acontece de estranho na relação. É o acompanhado quem deve fazer uma revisão minuciosa de como está vivendo essa relação, captar as dificuldades com o acompanhante e poder compartilhá-las com alguma outra instância ou pessoa que o ajude a objetivar o máximo possível o que está acontecendo na relação de acompanhamento.

Como detectar o paternalismo nos acompanhantes ou a possível dimensão paternalista do *meu* próprio acompanhamento? Não sabemos até que ponto uma pessoa com tendência ao paternalismo está ciente de seu comportamento e, portanto, será difícil para um acompanhante reconhecer com facilidade e humildade seu paternalismo no modo de realizar o acompanhamento. Detectar esse comportamento geralmente é possível graças à confluência de dois fatores. Em primeiro lugar, é o próprio acompanhante que após perceber que algo não vai bem na relação com a pessoa acompanhada, deve fazer um exame honesto da sua maneira de realizar o acompanhamento. Mas não será fácil para nós, como acompanhantes, nos reconhecermos como "paternalistas". Por isso, em segundo lugar, costuma ser necessária a intervenção de uma terceira instância que traga alguma luz objetiva sobre a situação e ajude a recuperar o leme da reta intenção. Nesta terceira instância se pode encontrar as instituições responsáveis pelo acompanhamento (centros de espiritualidade, paróquias, centros de formação para leigos, religiosos ou seminaristas, centros educacionais...). Uma vez detectado o paternalismo subjacente, a solução mais oportuna será mudar de acompanhante.

Uma relação de acompanhamento baseada no paternalismo não é saudável; tende a acentuar as necessidades do acompanhante e infantiliza o acompanhado. Com o tempo deixará de ser uma relação que busca a presença de Deus na vida da pessoa acompanhada, para tentar preencher lacunas ou complexos do acompanhante. Deixar-se levar pela tentação do paternalismo pode causar muitos danos ao acompanhado e conduzir o relacionamento ao fracasso.

13.7. Tentação de moralismo

"Quem está sem pecado..."

a. *Descrição*

Essa tentação geralmente nos ataca por uma frente dupla. Por um lado, através do saber. O acompanhante utiliza suas noções mais ou menos sólidas de teologia moral e pastoral, incluindo noções básicas de direito canônico, para iluminar o que está bem e o que está mal, o que é correto e o que é incorreto. Por outro lado, a tentação também está presente através de uma visão de mundo bastante rígida e inflexível do acompanhante.

Numa relação de acompanhamento construída a partir do moralismo, o acompanhante tende a consolidar uma relação vertical desproporcionalmente baseada no "dever ser". Tende a ser também uma relação autoritária e "comportamental", não tanto nas formas como no conteúdo. O acompanhante que se deixa levar por esta tentação colocará uma ênfase excessiva nas diretrizes e normas da instituição ou do grupo a que pertence. Quando como acompanhantes nos relacionamos a partir do moralismo, a retidão (e perfeição!) da vida dos acompanhados passa a ser o mais importante e, por isso, daremos primazia inalienável à objetividade da norma moral ou canônica e ao valor de seu cumprimento, em detrimento da atenção às circunstâncias e ao contexto vital da pessoa.

Nesse tipo de relacionamento, o acompanhante geralmente carece do mínimo de escuta empática, mesmo que permaneça muito atento e concentrado durante a conversação com o acompanhado. O que mais o preocupa é redirecionar o acompanhado pelo "caminho do bem", que, aliás, já está claramente definido nas normas e documentos eclesiais, que o acompanhante conhece e maneja com facilidade.

Não devemos colocar em dúvida a boa intenção nos casos que estamos vendo. É uma grande tentação do acompanhante querer guiar o acompanhado por este caminho da verdade, a fim de exibir seus conhecimentos e, através de insistentes recomendações e influir no comportamento do acompanhado. O que se deseja é que este tome a decisão que o acompanhante acredita ser a correta, aquela que mais se adapta ao cumprimento da norma em sua formulação mais clara e objetiva e, muitas vezes, pouco aberta a acolher exceções.

b. *Reação*

Como sair dessa tentação que mais cedo ou mais tarde pode nos afetar como acompanhantes? Um tempo de exame, como de costume, pode ser muito proveitoso. Um exame que trabalha o autoconhecimento e favoreça uma reflexão crítica sobre como entendemos o acompanhamento. Este exercício pode nos ajudar a examinar até que ponto a formação acadêmica e profissional do acompanhante pode estar influenciando desordenadamente no âmbito de seus ministérios pastorais, como é o ministério do acompanhamento.

Como acompanhantes, devemos nos perguntar sobre a situação do acompanhado, suas circunstâncias, seu momento vital, seus problemas concretos, e tentar avaliar em sua justa medida como são compreendidas a liberdade do acompanhado e suas próprias decisões sobre o que está acontecendo com ele. O interesse do acompanhante e sua fé no valor moral da norma asfixiam o espaço da liberdade do acompanhado onde acontece a experiência de Deus que precisamente o acompanhante é chamado a descobrir, verificar ou confirmar. O importante é promover o conhecimento interno e a amizade com Cristo do acompanhado, para o qual a luz que emana da lei pode ser, sem dúvida, um caminho e um meio muito apropriado.

Através do exame não será difícil para o acompanhante comprovar a passividade marcante do acompanhado na orientação de sua própria vida e a necessidade, portanto, de introduzir alguma mudança na maneira de se situar no acompanhamento para promover um maior protagonismo, responsabilidade e liberdade do acompanhado. Isso provavelmente terá que passar por uma atitude de distanciamento crítico e discreto da preocupação com a retidão objetiva da regra.

Se, como acompanhantes, descobrimo-nos muito influenciados pelo moralismo, pode ser positivo favorecer "experiências de mundo" em contextos em que a primazia e a urgência do bem da pessoa se manifestem de maneira evidente e, portanto, a norma se converte em uma instância inspiradora e libertadora de sua conduta e não em sua opressora. Para este perfil de acompanhante pode ser conveniente colocar o "dever ser" em seu devido lugar e começar a caminhar para o primado do "ser", ou seja, para o que *de fato* está acontecendo e *como* está acontecendo na vida da pessoa acompanhada para, a partir daí, focar seu ministério como acompanhante.

E o acompanhado? Se ele estiver um pouco atento à sua situação, mais cedo ou mais tarde terá que perceber que a experiência do acompanhamento o está transformando em um espectador passivo de sua própria vida; observará que, de alguma forma, está "vivendo sua própria vida". O acompanhado irá notando que sua vida, mais que crescer em liberdade e na expansão do coração, vai sendo estreitamente ladeada por toda uma série de diretrizes, princípios e normas, algumas próximas, outras infinitamente distantes, que ameaçam constantemente uma decisão livre e própria.

Acompanhantes que tendem a construir uma relação de acompanhamento baseada no moralismo pode recordar a passagem evangélica em que Jesus começou a desenhar ou escrever na areia. Quatorze palavras foram suficientes para provocar a conversão daqueles religiosos obcecados com a norma: "Quem dentre vós estiver sem pecado, seja o primeiro a lhe atirar uma pedra!"[10] Jesus soube reorientá-los a partir da opressão de um "dever ser" mal-entendido como um "ser-assim" ao qual se deve responder da forma mais humana (e, portanto, religiosa) possível.

Uma relação de acompanhamento construída a partir de uma excessiva preocupação em cumprir bem as normas estabelecidas pode contribuir para a "deformação" dos sujeitos infantis, sem capacidade de assumir responsavelmente sua própria vida por meio de decisões livres, aceitando assim o risco humano e religioso de um erro. Uma relação de acompanhamento construído a partir do moralismo também contribui para formar sujeitos inseguros de si mesmos e desproporcionalmente dependentes do frágil sistema normativo que os protege.

---

10. Jo 8,7.

13.8. Tentação de "aconselhamento"

"Por falta de direção um povo se arruína,
e se salva por muitos conselheiros".[11]

Ao longo dos meus últimos trinta anos, fui várias vezes a acompanhantes mais velhos do que eu, em idade e em sabedoria, para pedir-lhes, apenas, um conselho. Buscar e pedir conselhos implica reconhecer que ninguém se basta a si mesmo, que não se sabe tudo e que se necessita de outros mais sábios para melhor tomar as decisões certas. Tenho a certeza de que muitos de nós conhecemos pessoas que nos oferecem confiança e segurança e as reconhecemos como fontes verdadeiras de sábios conselhos.

Agora, uma coisa é recorrer a um colega para um bom conselho em um momento específico e importante em nossas vidas e outro fingir construir uma relação de acompanhamento fazendo da assessoria o pilar fundamental e exclusivo do relacionamento.

a. *Descrição*

Na conversa pastoral pode, e às vezes deve, sem dúvida, haver um espaço para um bom conselho, mas seria interpretar mal esse tipo de relacionamento que o acompanhante faça do conselho o eixo central da conversa. Um acompanhante que tende a ser "conselheiro" tem um perfil semelhante ao do moralista, mas com uma diferença notável. O moralista recorre à norma objetiva para orientar o comportamento do acompanhado, enquanto o conselheiro baseia-se em sua própria experiência e julgamento ao oferecer seu conselho com base no que foi capaz de lhe ser útil ao longo de sua vida.

---

11. Pr 11,14.

Uma conversa pastoral de acompanhamento não busca abrir os caminhos do acompanhado, muito menos andar por ele. Colocar a ênfase dessa relação no conselho implica ceder à tentação de falsear o caminho vital do acompanhado e fazê-lo a partir de uma posição de sutil e delicada superioridade sem outro critério que o da própria e objetiva experiência. A tentação de dar conselhos estará sempre presente com o halo de boa vontade: para encorajar uma boa ação, para impedir uma ruim, para oferecer uma saída rápida de uma situação complicada, para tornar o discernimento mais simples e fácil... O acompanhante deve estar lúcido com essa tendência ou tentação e estar ciente de sua presença antes de ter dado tal ou qual conselho: "A melhor coisa que posso fazer agora é dar conselhos?".

Inspirado por aquele sábio parágrafo dos Exercícios Espirituais de Santo Inácio[12], o que realmente sacia e satisfaz a alma, o que dá "mais gosto e fruto espiritual", para a vida de quem faz os Exercícios, não são as muitas palavras de quem os dá, mas sim percorrer pelo que ele/ela vai descobrindo por si mesmo. Dar um conselho implica oferecer uma verdade já descoberta e diáfana que marca claramente uma trajetória e uma direção e pode ser algo prático, rápido e fácil. No entanto, pode ser muito mais benéfico para a pessoa ajudá-la a analisar uma situação na complexidade de fatores que possam estar construindo e se retirar depois para que ela mesma, pesando os elementos, tome a decisão que considerar mais conveniente para si, assumindo o risco maravilhoso e divino de estar equivocado.

Construir uma relação de acompanhamento fazendo do aconselhamento o seu eixo principal é o mesmo que construir sobre a areia. O acompanhante impedirá o crescimento do acompanhado em suas dimensões vitais mais primárias. Se lhe dificultam as vias

---

12. EE [2].

de exploração do autoconhecimento, sua capacidade de analisar criticamente suas próprias situações, se paralisa sua capacidade de decisão autônoma e livre, se fomenta uma relação de dependência infantil com o acompanhante, se favorece a insegurança e a dúvida sobre si mesmo... Uma relação construída de modo desproporcional a partir do conselho pode camuflar uma relação baseada na autoridade moral insana que pode estar ocultando uma relação de poder e até de submissão entre acompanhante e acompanhado.

Devemos, portanto, retirar radical e completamente o conselho do relacionamento de acompanhantes? Claramente, não. Ir para o outro extremo por norma absoluta também não é saudável. O acompanhante deve aprender a manejar a "ferramenta do conselho" com prudência e utilizá-la com moderação quando acreditar ser mais conveniente para a pessoa acompanhada. Em certas ocasiões pode ser a pessoa acompanhada quem recorre ao pedido de aconselhamento com demasiada frequência; então será a perícia do acompanhante que irá redirecionar a conversação ajudando e ensinando a pessoa acompanhada a analisar as situações por si mesma, a melhor forma de promover o seu crescimento em liberdade.

Qual perfil de pessoa está mais propenso a construir uma relação baseada exclusivamente em conselhos? Os inseguros e os preguiçosos, são traços que podem afetar tanto o acompanhante quanto o acompanhado. A pessoa insegura, obviamente, busca segurança e confiança; o preguiçoso continua procurando a resposta fácil que possa lhe poupar o trabalho de pesquisar e discernir uma questão mais ou menos complexa.

b. *Reação*

Como redirecionar uma relação de acompanhamento que está desproporcionalmente construída a partir do conselho? Em primeiro lugar, pode ser comum que por baixo desse "aconselhamento excessivo" se esconda um narcisismo latente. O acompanhante pode ser tentado a dar conselhos sem outra inspiração ou fundamento além de sua própria experiência, como se esta fosse a referência fundamental para todas as outras pessoas em cada circunstância.

Este acompanhante tem que trabalhar para descentrar-se na relação de acompanhamento e começar a pensar que o mundo é maior do que ele consegue ver e entender e que, portanto, sua própria experiência, que tanto lhe serviu, pode ser inútil ou mesmo contraproducente para outras pessoas. Em última análise, trata-se de ir ao único lugar possível para uma relação de acompanhamento saudável: humildade. Uma vez que já se tenha entendido este passo e está pronto para avançar para a humildade como lugar assintótico do acompanhante, temos que mover o acompanhante para o trabalho, o exercício. Dar conselhos impede o pensar, deliberar, ouvir, discernir, caminhar, contrastar, buscar, analisar, sopesar, errar, orar... Sair da dinâmica do conselho rápido e fácil agora envolve começar a caminhar e construir uma relação de acompanhamento autêntico e, portanto, coloque sua pessoa para o trabalho[13]. Desmascarar esta tentação, que mais cedo ou mais tarde será inspirada por um "eu que tu", implica não apenas descobrir uma larva de "Narciso", mas também um vagabundo camuflado. Existem acompanhantes que não estão dispostos a trabalhar o que lhes corresponde na conversação e pretendem suprir este exercício espiritual com conselhos centrados em sua experiência hiper magnificada. Mas não se trata disso aqui.

Como em tantas outras ocasiões, podemos recorrer ao exame. O acompanhante pode e deve reservar quinze minutos no final da conversação para "trazer à memória" este encontro e tentar

---

13. EE [97].

recordar quantos conselhos ele deu, por que e como isso poderia ter sido evitado, pensando em saídas possíveis que, evitando os conselhos, ajudassem o acompanhado a crescer sem guardar um único passo da viagem que deve fazer para si mesmo e de sua própria experiência.

E como lidar com acompanhados inseguros e/ou preguiçosos? Contra esses dois perfis aos quais nos referimos acima, o acompanhante deve trabalhar para ajudá-los a crescer e amadurecer em seus itinerários. Com o primeiro será bom trabalhar a autoestima, confiar em Deus e lançar-se sem temor a um conjunto de possibilidades e probabilidades de errar, que a tantas pessoas tanto assusta; com estes últimos, os preguiçosos, há de se trabalhar a dimensão inalienável do exercício que supõe construir uma vida cristã em busca constante da vontade de Deus: "olhar para ver", "rezar mais este ponto", "examinar este outro"... e outros pequenos exercícios que o devolvem à sua responsabilidade que pretendia receber resolvido pelo acompanhante.

13.9. Tentação do protecionismo

> "Olhai os lírios do campo."

a. *Descrição*

É muito provável que ao longo da relação de acompanhamento, que pode se estender por meses e anos, situações de dificuldade vêm à tona na vida do acompanhado. Família, trabalho, dificuldades afetivas, econômicas, relacionais... O acompanhante deve ter claro que o âmbito de incidência na vida da pessoa acompanhada termina no final da conversa que possam ter com certa regularidade.

Pode acontecer que o acompanhante, com a informação recebida e muita boa vontade, trate de ajudar o acompanhado por diversos meios, para tentar melhorar algumas das dificuldades que esteja atravessando. Esta ajuda poderia concretizar-se, por exemplo, em falar com terceiros envolvidos em qualquer uma dessas "dificuldades", ou em facilitar algum tipo de influência no ambiente de trabalho que possa melhorar o possível problema, ou em favorecer algum tipo de "coincidência" na família em conflito ou, inclusive, em apoiar economicamente de diversas e "discretas" maneiras ao acompanhado... Essa tentação de sair em auxílio do outro além do âmbito da conversação pode ter efeitos negativos na relação. O acompanhado pode sentir-se, com razão, invadido em partes de sua vida e interpretar, também com razão, que o acompanhante tenha feito um uso equivocado da informação que com confiança e confidencialidade havia depositado nele.

Esses tipos de ações que podem surgir de uma boa, mas desfocada, vontade podem ter consequências negativas para a relação, como a perda de confiança no acompanhante, que será muito difícil de recuperar. O mal espírito pode enganar o acompanhante fazendo-o crer que está exercendo a bondade e a caridade com o acompanhado, trazendo-lhe pensamentos referidos, por um lado, à difícil situação da pessoa acompanhada e, por outro, à boa ação que poderia realizar intervindo em seu favor. O fim do pensamento ruim, mas que iniciou bem trazendo pensamentos "bons e santos"[14], acabará refletindo um ego vaidoso e projetado: "tanto ou mais importante que ajudar a essa pessoa em suas dificuldades era ficar bem, como um acompanhante bondoso e solidário".

---

14. EE [332].

b. *Reação*

O acompanhante deve observar com "muita vigilância e atenção"[15] o surgimento desta tentação e não dialogar com os pensamentos que lhe vêm. Estes começaram fazendo-o ver com claridade a difícil situação do acompanhado, o sofrimento pelo qual está atravessando, e despertando, em consequência, sentimentos de piedade ou de compaixão. Alcançado este sentimento, o pensamento se moverá para buscas práticas de possíveis ajudas (contatos, influências, apoio...), fazendo-o ver com o olhar da imaginação, em primeiro lugar, o alívio do acompanhado e seu bem-estar devido à sua boa ação e, em segundo lugar, a nobreza de seu ego diante de si mesmo e diante dos outros.

O melhor antídoto é não dar atenção a esses pensamentos e propostas e ter clareza sobre os limites da relação de acompanhamento, que não deve entrar em outras áreas da vida da pessoa acompanhada. O melhor caminho para ajudar a pessoa é acompanhá-la em seu processo interior, orientando dentro do possível seu itinerário espiritual e oferecendo o apoio necessário no acompanhamento que contribua para aliviar e ver a Deus nos momentos de dificuldade.

13.10. Em resumo

Todas essas tentações, que nada mais são do que propostas que aparecem pelo caminho para desviar do rumo certo, nos mostram com clareza que acompanhar bem não é uma tarefa fácil. Linhas acima comentamos que o acompanhamento espiritual é um ministério que exige qualidade e formação. Ouvir com

---

15. EE [336].

atenção e empatia é muitas vezes insuficiente para ajudar seriamente as pessoas na conversação, que é disso do que se trata.

Como acabamos de ver, as tentações ao longo do caminho são numerosas e é possível que algumas delas já estejam arraigadas na psicologia do acompanhante, portanto é difícil detectá-las, trazê-las à luz e poder enfrentá-las. Autoconhecimento, intenção reta, familiaridade com o exame da conversação, formação e o contraste discreto com as pessoas experimentadas nos processos que ele vai acompanhando e como os acompanham alguns requisitos recomendados para que a relação de acompanhamento goze de boa saúde.

Junto com tudo isso, será de grande ajuda para ambas as partes do relacionamento contar com a oração como um elemento construtivo do acompanhamento espiritual. Orar uns pelos outros, orar pelas circunstâncias, dificuldades, problemas, pequenas ou grandes conquistas que possam surgir. Orar para iluminar com o Espírito a presença de tentações e todos os tipos de propostas que procuram nos desviar do caminho. Rezar para manter com firmeza o leme da intenção reta, para conservar na memória o "para onde vou e a quê (vou)"; rezar para não nos deixarmos levar pela preguiça, cansaço ou animosidades que nos levam a perder a qualidade da presença que a relação de acompanhamento pede. Orar para não deixar de confiar neste ministério do acompanhamento espiritual, como em tantas outras dimensões e tarefas da nossa vida cristã, é o Senhor quem constrói a casa e nós somos os servos que queremos cooperar com diligência e responsabilidade na tarefa comum de construir o seu Reino.

14

Conversar no Espírito

Tudo está cheio de palavras. Vivemos nas palavras e as palavras vivem em nós. Para quase tudo dispomos do imediatismo da palavra que sai para reagir adequadamente ao ambiente. A palavra é o lugar da experiência, e a experiência exige que a palavra seja entendida em si mesma. Quando a palavra encontra um contexto apropriado, um desejo é despertado e sendo a outra palavra vinda de um amigo, então nasce a conversação. Falar e conversar tem muito do querer-se com palavras.

Conversar é levar a sério o maravilhoso fato antropológico do poder falar. É estar lúcido com o bem incalculável que é possível acrescentar ao mundo através de um uso responsável e evangélico do que dizemos. Conversar implica lucidez com quanto bem se deixa de fazer por palavras não ditas na época... ou, também na época, palavras mal pronunciadas. Jesus falou e suas palavras fizeram muito bem. Lendo os Evangelhos se tem a feliz impressão de que Jesus sempre dispunha "da palavra oportuna", aquela que ia fazer o maior bem, o maior bem possível ao outro, a você, a mim.

A conversa constrói o ser, ou, o que dá no mesmo, a benção é causa do bem-estar. Palavras bem pronunciadas nos fazem sentir bem. Somos feitos para abençoar e ser abençoados; dizer bem dos outros e que outros nos façam bem dizendo coisas boas sobre nós. Dizer bem é dizer a verdade.

* * *

Jesus construiu e improvisou contextos de conversação. A pessoa diante dele foi sua primeira preocupação, e sua conversa transformava internamente: "Será que nossos corações não queimaram enquanto nos explicou as Escrituras?" Jesus era a Palavra do Pai e, portanto, a comunicação absoluta. Se Jesus fez alguma coisa, foi comunicar e se comunicar, e nessa comunicação nos entregou o Ser, a Vida. Sua Palavra foi eficaz e transmitia saúde, verdade, dignidade, esperança. Sua Palavra interpelava, questionava, criticava de forma lúcida e evangélica. Com sua Palavra, Jesus fazia crescer a pessoa – era um dizer vital. Palavra e Vida. A Palavra de Jesus sempre trazia uma "Boa Nova". A Eucaristia e o Lava-pés foram suas últimas Palavras, o auge de sua comunicação. A palavra foi feita local de construção. E então, ele ficou em silêncio. A Cruz é a Palavra do Silêncio; não se poderia ir mais longe.

* * *

Nossas palavras, quando querem ser palavras no Espírito, são inspiradas em Jesus. Conversamos espiritualmente quando falamos com *sinceridade*. Quando sentimos que a vida que temos em nossas mãos se converte em fonética e sintaxe e assim as palavras *são* a nossa vida. Uma conversa é espiritual se suas frases são as linhas da vida, se nela se derrama não só o que acontece na minha vida, mas também o sentimento que produz em mim, as repercussões afetivas que os dados da minha vida produzem na minha vida (temores, angústias, alegrias, nervosismos, tensões, raivas, mal-entendidos, medos, confusão, preguiça, inveja, paz...). Para Jesus, falar era tocar com a palavra o coração da vida de seu interlocutor. Tocar o Senhor é escutar sua Palavra e desdobrar o processo de transformação n'Ele.

Conversamos espiritualmente quando *ouvimos* com sinceridade. Quando nos colocamos diante do interlocutor sem pré-julgamentos ou ideias pré-concebidas. Quando permitimos que ele, sem ninguém saber, seja totalmente ele mesmo. Sermos respeitados em nossos preconceitos é um direito que todos nós temos; esse esvaziamento de preconceitos desloca minha liberdade e favorece uma conversa que é, verdadeiramente, cristã. Em certas ocasiões, os significados das palavras que ouvimos não dependem tanto do "dicionário" que manejamos quanto dos julgamentos que fazemos sobre o outro e suas circunstâncias que vão se impondo sem que o tenhamos intencionado, ou mesmo contra nossa vontade. O critério para conhecer se estou realmente ouvindo a partir da liberdade é que a busca do bem do meu interlocutor me é imposta como motivação primária e transparente. Jesus, consciente do risco que assumia, nunca se importou com os "preconceitos" que poderiam pesar sobre si, sobretudo vindo daquele que lhe dirigia a palavra. Por isso, falar como Ele falou será sempre um ato de liberdade, de uma liberdade que pode complicar uma vida.

Conversamos espiritualmente quando *falamos* com *gratuidade*. Quando no decorrer do nosso discurso sentimos que não temos nada a impor ou temer sobre o que dizemos, ainda que pareça estranho, nos sentimos comprometidos pela própria palavra. Falamos no Espírito quando nossa retórica, contra todos os preceitos ciceronianos, deixa de ser persuasivo para ser meramente expositivo. Falar é expor-se e, em parte, deixar de pertencer a si mesmo; e, uma vez lá, todos nos tornamos vulneráveis. Conversar assim é andar rumo à pobreza. Jesus falou e se nos foi dando, pouco a pouco, em sua mensagem: Ele era sua Palavra. Sua vida se foi doando através de suas palavras, tudo nos foi dado a conhecer, a começar por Ele mesmo. Até que terminou, até ao extremo, até um ponto em que nada mais pôde ser dito. A partir daí tudo será Silêncio. "Tomai e comei" culminou esse processo de expor-se, no cume da vulnerabilidade. Ser amigos começava a significar outra coisa[1].

Conversamos espiritualmente quando, nos assuntos que compartilhamos, a *caridade* vai silenciosamente informando tudo e a vida de Jesus vai iluminando, como referência incontornável, nossas próprias vidas. Mas isso muitas vezes não é uma palavra pronunciada, é uma experiência vivida: "Não ardia nossos corações...?", perguntavam-se os que iam para Emaús[2]. A conversa deles havia sido "no Espírito" porque sua vida estava sendo iluminada e ordenada n'Ele, a esperança renascia e a alegria é a memória do Ressuscitado.

Conversamos espiritualmente quando nossa ação adicional é mais evangélica. Muitas de nossas boas ações brotam de nossas boas palavras. Nossa retórica é jesuítica se e somente se a vida que a torna crível é uma boa notícia para os irmãos. "Eu quero, fica limpo"[3], "Vai embora em paz"[4].

---

1. Jo 15,15.
2. Lc 24,32.
3. Mc 1,44.
4. Mc 5,34.

15

Para seguir aprendendo

ALEIXANDRE, D., "Imágenes bíblicas para el acompañamiento": *Sal Terrae* 85 (1997), 641-657.

ALEMANY, C., *La comunicación humana: Una ventana abierta*, col. Serendipity 169, Desclée de Brouwer, Bilbao, 2013.

ARANA, G., "La conversación espiritual, instrumento apostólico": *Centrum Ignatianum Spiritualitatis* 36 (2005), 23-48.

AUSTIN, J. L., *Cómo hacer cosas con las palabras*, Paidós, Barcelona, 1990 (orig.: *How to do things with words*, Clarendon Press, Oxford, 1962).

BALANZÓ, E., *La entrevista pastoral en los Ejercicios Espirituales de San Ignacio*, EIDES, Barcelona, 1992.

BREEMEN, P. van, "Acompañamiento espiritual hoy": *Manresa* 68 (1996), 361-372.

DANIELS, R., "Obstacles to Good Listening": *The Way* 55 (2016), 7-18.

DÍAZ, L. M., "Spiritual Conversation as the Practice of Revelation": *The Way* 55 (2016), 43-54.

GARCÍA DE CASTRO, J., "Dios Presencia": *Sal Terrae* 93 (2005), 1015-1024.

―――, "El Dios de la Palabra": *Sal Terrae* 95 (2007), 835-846.

_____, "Cartas", in *Diccionario de espiritualidad ignaciana*, col. Manresa 37, Mensajero/Sal Terrae, Bilbao/Santander, 2007.

GARCÍA DOMÍNGUEZ, L. M., "Cómo hacer la entrevista de Ejercicios": *Manresa* 80 (2008), 183-195.

_____, *La entrevista en los Ejercicios Espirituales*, col. Manresa 44, Mensajero/Sal Terrae, Bilbao/Santander 2010.

GARCÍA-MINA, A., "Esencia y condiciones de conversar": *Sal Terrae* 95 (2007), 821-835.

HANSEN, M., "The Ignatian Guide to Spiritual Conversation", in *The First Spiritual Exercises*, Ave Maria Press, Notre Dame, 2013, 355-364.

IGNACIO DE LOYOLA, Ejercicios Espirituales, *Sal Terrae*, Santander, 2018.

_____, "Del modo de negociar y conversar en el Señor", instrucción de san Ignacio a los PP. Broët y Salmerón, enviados a Irlanda, in *Obras completas*, BAC, Madrid, 1982, 678-679.

IPARRAGUIRRE, I., "La conversación como táctica apostólica de S. Ignacio de Loyola": *Razón y Fe* 160 (1959), 11-24.

KNAPP, M. L., *La comunicación no verbal: El cuerpo y el entorno*, Paidós, Barcelona, 1982.

KOLVENBACH, P.-H., "Maestro Ignacio, hombre de palabra", in *Decir... al Indecible*, col. Manresa 20, Mensajero/Sal Terrae, Bilbao/Santander, 1999, 15-31.

LAPLACE, J., *Preparen flor Spiritual Directo*, Franciscano Herald Presis, Chicago, 1975.

MARROQUÍN, M., "El acompañamiento personal como pedagogía de la escucha", in *Psicología y Ejercicios Ignacianos*, edición de C. Alemany y J. A. García Monge, col. Manresa 5, Mensajero/Sal Terrae, Bilbao/Santander, 1991, 182-194.

O'MALLEY, J. W., "Ministerios de la palabra", in *Los primeros jesuitas*, col. Manresa 14, Mensajero/Sal Terrae, Bilbao/Santander, 1996, 119-170.

PINTO, R., "Transcendence and Immanence II: Ignatian Spirituality and Spiritual Conversation": *The Way* 57 (2018), 67-79.

PRIMEROS JESUITAS, "Deliberaciones de 1539", in *Escritos esenciales de los primeros jesuitas*, edición del Grupo de Espiritualidad Ignaciana, col. Manresa 62, Mensajero/ Sal Terrae/U. P. Comillas, Bilbao/Santander/Madrid, 2017, 44-51.

RESTREPO, D., "Para conversar": *Manresa* 68 (1996), 379-394.

———, "Conversación", in *Diccionario de espiritualidad ignaciana*, col. Manresa 37, Mensajero/Sal Terrae, Bilbao/Santander, 2007, 472-480.

RODRÍGUEZ OLAIZOLA, J. M., "Las palabras furiosas": Sal Terrae 104 (2016), 971-984.

ROTSAERT, M., "La conversation spirituelle": *Christus* 50 (2003), 285-293.

SASTRE, J., *El acompañamiento espiritual*, San Pablo, Madrid, 2001.

VALLADARES, X., "La palabra en la era digital": *Sal Terrae* 104 (2016), 985-1001.

16

Obras utilizadas para suporte da tradução

A Bíblia de Jerusalém. Nova ed. rev. São Paulo, Paulus, 2002.
LOYOLA, I., Autobiografia. Trad. Pe. Armando Cardoso, SJ. 6ª. ed. São Paulo, Loyola, 2000.
_____, Escritos de Teresa de Ávila. São Paulo, Loyola/Carmelitanas, 2001.
_____, São João da Cruz, Obras Completas. 6ª. ed. São Paulo, Vozes/Carmelo Descalço do Brasil, 2000.
_____, Exercícios Espirituais de Santo Inácio. Porto Alegre, Loyola, 1966.
_____, Exercícios Espirituais de Santo Inácio de Loiola. Trad. Pe. Gèza Kövecses, SJ. 1ª. ed. Porto Alegre, Província Brasil Meridional, 1966.
O'MALLEY, J. W., Os primeiros jesuítas. Trad. Domingos Armando Donida. São Leopoldo/Bauru, UNISINOS/EDUSC, 2004.

Agradecimentos das tradutoras

Expressamos os nossos mais sinceros agradecimentos ao Pe. José Antonio Netto de Oliveira, SJ e à Benê (Benedita) de Lourdes Massaro pela gentileza de lerem e contextualizarem com considerações valiosas para a edição desta obra.

Um especial agradecimento à Ilze Alves de Deus, pois foi o som de sua voz dizendo "pena não termos este livro em português" que deu luz a este caminho.

Obrigada!

Edições Loyola

editoração impressão acabamento
Rua 1822 n° 341 – Ipiranga
04216-000 São Paulo, SP
T 55 11 3385 8500/8501, 2063 4275
www.loyola.com.br